LÍNGUA PORTUGUESA

para Carreiras Policiais

Autores

Bárbara Vasconcelos
Denize dos Santos Ortiz
Ellen Thays Brandão
Joaquim Leitão Júnior
José Antonio Branco
Valéria Isabel dos Santos

Coordenador
Higor Vinicius Nogueira Jorge

LÍNGUA PORTUGUESA

para Carreiras Policiais

2024

EDITORA JusPODIVM
www.editorajuspodivm.com.br

EDITORA *Jus*PODIVM
www.editorajuspodivm.com.br

Rua Canuto Saraiva, 131 – Mooca – CEP: 03113-010 – São Paulo – São Paulo

Tel: (11) 3582.5757

• Contato: https://www.editorajuspodivm.com.br/central-de-relacionamento

Diagramação: SBNigri Artes e Textos Ltda

Capa:: Marcelo S. Brandão *(santibrando@gmail.com)*

L755 Jorge, Higor Vinicius Nogueira
Língua Portuguesa para Carreiras Policiais / coordenação de Higor Vinicius Nogueira Jorge – São Paulo: Editora JusPodivm, 2024.
288 p.

Vários autores
ISBN: 978-85-442-5369-4

1. Português. 2. Carreiras Policiais. I. Jorge, Higor Vinicius Nogueira. II. Título.
CDD CDD 469.5

Bibliotecária responsável:
Ana Carolina Ribeiro Mois – CRB7 – RJ 007348/0

Autores

Bárbara Vasconcelos

Graduada em Letras Português-Inglês.

Especializando em Neurociências da Aprendizagem.

Professora de Língua Portuguesa, Interpretação de Textos, Redação e Redação de Correspondências Oficiais. Escritora literária premiada, com textos expostos em parceria com artistas goianos, que expuseram no Carrousel do Louvre.

Denize dos Santos Ortiz

Advogada criminalista formada pela UNISINOS, 2000, pós-graduada em direito penal, processo penal, direito penal econômico e processo penal econômico, pela Academia Brasileira de Direito Constitucional - ABDConst, professora da Escola Superior da Advocacia do Estado de Goiás ESA-GO, professora da Faculdade Latu Sensu, professora e mentora da KDJ Mentoria, Mentora para prova da OAB 1ª e 2ª fase e carreiras jurídicas com mais de 250 alunos aprovados, coautora de obras jurídicas, autora e coautora de artigos científicos e Palestrante. E-mail: ortiz.denize@gmail.com, Instagram @denize_ortiz, http://lattes.cnpq.br/8131244917784508.

Ellen Thays Brandão

Advogada e assessora jurídica da Prefeitura Municipal de Amambai/MS, graduada em Direito no ano de 2017 pelo Centro Universitário da Grande Dourados de Mato Grosso do Sul, pós-graduada em Direito Público em 2018 pela referida Instituição, aprovada no XXIII Exame de Ordem Unificado, ex-secretária da Comissão da Mulher Advogada, aprovada na prova objetiva da Polícia Militar do Estado de Mato Grosso do Sul em 2022, aprovada na prova objetiva da Polícia Civil, cargo de escrivão em 2023 do Estado de São Paulo e palestrante. E-mail: elleenthaays@gmail.com. Lattes.cnpq.br/1985747023980122.

Joaquim Leitão Júnior

Delegado de Polícia no Estado de Mato Grosso e lotado no GAECO da unidade desconcentrada de Barra do Garças-MT, pós-graduado em Ciências Penais pela rede de ensino Luiz Flávio Gomes (LFG) em parceria com Universidade de Santa Catarina (UNISUL). Pós-graduado em Gestão Municipal pela Universidade do Estado de Mato Grosso – UNEMAT e pela Universidade Aberta do Brasil. Curso de Extensão pela Universidade de São Paulo (USP) de Integração de Competências no Desempenho da Atividade Judiciária com Usuários e Dependentes de Drogas. Colunista do site Justiça e Polícia, coautor de obras jurídicas e autor de artigos jurídicos. Ex-Diretor Adjunto da Academia da Polícia Judiciária Civil do Estado de Mato Grosso. Ex-Assessor Institucional da Polícia Civil de Mato Grosso. Ex-assessor do Tribunal de Justiça de Mato Grosso. Palestrante. Professor de cursos preparatórios para concursos públicos e integrante da KDJ Mentoria. E-mail: juniorleitaoadv@hotmail.com.

José Antonio Branco

Pós-graduado em Metodologia do Ensino de Língua Portuguesa e Estrangeira pelo Centro Universitário Internacional - UNINTER. Pós-graduado em Metodologia do Ensino de Língua Inglesa pelo Centro Universitário Internacional - UNINTER. Pós-graduado em Direito Constitucional pela Faculdade Capital Federal - FECAF. Pós-graduando em Direito Digital pelo Gran Centro Universitário. Bacharel em Letras - Tradução pela Universidade do Sagrado Coração - USC. Graduado em Comércio Exterior pela Faculdade de Tecnologia Internacional - FATEC. Graduado em Processamento de Dados pelo Colégio Técnico Industrial - UNESP. Investigador de Polícia da Polícia Civil do Estado de São Paulo.

Valéria Isabel dos Santos

Pós-graduada em Direito Constitucional Aplicado pela Faculdade DAMÁSIO. Pós-graduada em Direito Processual Penal pela Faculdade Capital Federal - FECAF. Graduada em Direito pela Instituição Toledo de Ensino - ITE. Investigadora de Polícia da Polícia Civil do Estado de São Paulo.

Apresentação

Bem-vindo à Coleção Linhas Policiais, um projeto cuidadosamente desenvolvido para orientar e preparar você, candidato, rumo à aprovação nos concursos para Delegado de Polícia e outras carreiras policiais.

É com imensa satisfação que apresento esta coleção, que combina o rigor da doutrina com a praticidade de questões estratégicas, elaboradas tanto a partir de concursos anteriores quanto com o auxílio da inteligência artificial.

Nossa missão com esta coleção é oferecer uma base sólida de conhecimento, abordando os principais temas que compõem os editais dos concursos policiais.

Cada livro da coleção foi escrito por especialistas renomados, que entendem as nuances e as exigências dessas provas. Nosso objetivo é proporcionar um material didático atualizado e que seja capaz de atender tanto os iniciantes quanto os mais experientes na trajetória dos estudos para concursos públicos.

O caminho para a aprovação em concursos é repleto de desafios, mas também de grandes recompensas. A escolha de uma carreira policial não é apenas uma decisão profissional, mas um compromisso com a justiça, a segurança e o bem-estar da sociedade. A dedicação aos estudos, a persistência e a paixão pela profissão são fundamentais para o sucesso nesta jornada.

Esta coleção é composta pelos seguintes livros, cada um focado em uma área essencial para a sua preparação:

- Direito Penal
- Direito Processual Penal

- Direito Constitucional
- Direito Administrativo
- Direito Civil
- Direitos Humanos
- Medicina Legal
- Legislação Especial
- Língua Portuguesa
- Noções de Informática

Cada volume foi projetado para ser uma ferramenta indispensável, com uma abordagem teórica robusta e a inclusão de questões que simulam o nível e o estilo das provas reais. As questões são elaboradas e selecionadas com o intuito de proporcionar uma experiência prática, permitindo que você teste seus conhecimentos e identifique áreas que necessitam de maior atenção.

Sabemos que a preparação para concursos exige muito mais do que simplesmente estudar o conteúdo. É necessário desenvolver uma estratégia de estudo eficaz, manter-se motivado e superar as adversidades que surgem ao longo do caminho. Por isso, cada capítulo deste livro é construído para ser não apenas uma fonte de conhecimento, mas também uma inspiração para que você continue avançando com determinação.

O compromisso de ser um policial vai além do cumprimento da lei; é um chamado para proteger e servir. Esperamos que esta coleção seja um guia fiel e inspirador em sua jornada rumo à aprovação. Lembre-se de que cada página estudada é um passo em direção ao seu objetivo.

Desejamos a você, futuro Delegado de Polícia ou integrante de outras carreiras da segurança pública, uma jornada de estudos produtiva e motivadora.

Que a sua determinação e o seu esforço sejam recompensados com a realização do seu sonho de enfrentar o crime e proteger a sociedade.

Boa sorte e bons estudos!

Higor Vinicius Nogueira Jorge

Sumário

EIXO 3

EIXO 4

EIXO 5

QUESTÕES OBJETIVAS E QUESTÕES PARA O EXAME ORAL

Introdução

O domínio da língua portuguesa é fundamental para o exercício eficaz das carreiras policiais. A clareza e a precisão na comunicação, tanto escrita quanto verbal, são vitais para a produção de documentos, relatórios e na interação com diversas partes envolvidas, como sociedade, advogados e magistrados. Nesse contexto, o livro "LÍNGUA PORTUGUESA PARA DELEGADO DE POLÍCIA E CARREIRAS POLICIAIS" foi concebido para oferecer aos candidatos e profissionais da área policial uma compreensão aprofundada dos principais aspectos da língua portuguesa, de maneira prática e direcionada.

A obra é organizada em cinco eixos temáticos, cada um cuidadosamente desenvolvido por autores especialistas em suas respectivas áreas, garantindo uma abordagem completa e detalhada dos tópicos.

No Eixo 1, Bárbara Vasconcelos aborda a leitura e interpretação de textos, explorando uma ampla gama de textos literários e não literários, além de questões fundamentais como ortografia, acentuação, e a análise de sinônimos e antônimos.

O Eixo 2, com contribuições de Joaquim Leitão e Ellen Thays Brandão, foca no sentido próprio e figurado das palavras, pontuação e nas diversas classes de palavras. Esta seção também abrange o emprego de tempos e modos verbais, essencial para a construção de um discurso coerente e preciso.

Retornando no Eixo 3, Bárbara Vasconcelos detalha frases e tipos de frases, explorando os termos essenciais, integrantes e acessórios da oração. Além disso, discute as regras de concordância e regência, elementos cruciais para a elaboração de textos gramaticalmente corretos.

No Eixo 4, José Antonio Branco e Valéria Isabel dos Santos analisam colocação pronominal, semântica, crase e análise morfossintática, além de discutirem os vícios de linguagem que podem comprometer a clareza da comunicação escrita.

Finalmente, no Eixo 5, Denize Ortiz aborda as figuras de linguagem, como metáfora, comparação e pleonasmo, além de questões que mesclam gramática e interpretação de textos. Este eixo oferece uma visão integrada dos aspectos gramaticais e textuais, essenciais para a compreensão e produção de textos complexos.

Este livro é uma ferramenta essencial para aqueles que buscam ingressar ou se especializar nas carreiras policiais. Com uma abordagem técnica e detalhada, os autores proporcionam um estudo minucioso dos pontos cruciais da língua portuguesa, exigidos tanto em concursos quanto na prática profissional. A didática acessível e os exemplos práticos presentes em cada eixo temático tornam esta obra uma referência indispensável para o aprimoramento das habilidades linguísticas.

Higor Vinicius Nogueira Jorge

EIXO 1

Bárbara Vasconcelos

1. Leitura e interpretação de diversos tipos de textos. 1.1 Tipos e gêneros textuais. Exercícios de treinamento. 1.2. Paronímia e homonímia. 1.3. Conotação e denotação. 1.4. Intertextualidade. 1.5. Variação linguística. 1.6. Prosa e verso. 2. Ortografia. 3. Acentuação. 4. Sinonímia e antonímia.

1. LEITURA E INTERPRETAÇÃO DE DIVERSOS TIPOS DE TEXTOS

Para início de conversa...

A leitura e interpretação de textos é um conteúdo de extrema importância no mundo dos concursos públicos.

1) O que é texto?

   É qualquer enunciado que transmite uma mensagem com algum objetivo.

2) O que é interpretar?

   É estabelecer o sentido de um texto, sua intencionalidade.

3) Entre tantas classificações, o texto poderá ser:
   - Verbal: a comunicação ocorre por meio de palavras (faladas ou escritas);
   - Não verbal: a comunicação ocorre por meio de sinais, símbolos, cores, entre outros;

- Misto: apresenta-se mesclando aspectos verbais e imagens;
- Literário: textos com fins estilísticos;
- Não Literário: demais textos, como textos científicos ou didáticos;
- Formal: com uso da linguagem padrão da língua portuguesa;
- Informal: com uso da linguagem coloquial da língua portuguesa.

Outros conceitos importantes:

- Tipologia textual;
- Gêneros textuais;
- Semântica;
- Intertextualidade;
- Variação Linguística;
- Prosa;
- Verso.

1.1. Tipos e gêneros textuais

Quando se analisa em termos de tipologia, compreende-se a macroestrutura do texto; suas características intrínsecas.

Entretanto, quando falamos em gêneros textuais, apontamos aos usos sociais dos textos.

- 1. NARRAÇÃO;
- 2. DESCRIÇÃO;
- 3. INJUNÇÃO;

- 4. ARGUMENTAÇÃO;
- 5. EXPOSIÇÃO.

A) Texto Narrativo

Os textos narrativos são aqueles que evidenciam como características: as ações de personagens no tempo e no espaço. A estrutura da narração é dividida em: apresentação, desenvolvimento, clímax e fechamento.

São alguns exemplos de gêneros textuais narrativos:

- Autobiografia
- Biografia
- Contos de Fada
- Crônica
- Fábula
- Novela

B) Texto Descritivo

Os textos descritivos são aqueles que explicitam e expõem características de determinada pessoa, ou mesmo de objetos, lugares e acontecimentos.

Esses textos são carregados de adjetivações, que descrevem ou retratam imagens a partir das concepções sensoriais do emissor.

São exemplos de gêneros textuais descritivos:

- Diário
- Relatos (viagens, históricos, etc.)
- Notícia
- Currículo
- Lista de compras
- Cardápio

C) Texto ARGUMENTATIVOS

Os textos ARGUMENTATIVOS são aqueles responsáveis de apresentar um tema ou assunto fazendo uso de argumentações. Tem como características básicas a defesa de um ponto de vista e fazer uso da persuasão para o leitor. A estrutura textual desse tipo de texto é dividida em três partes:

INTRODUÇÃO- DESENVOLVIMENTO-CONCLUSÃO

São exemplos de gêneros textuais argumentativos:

- Artigo
- Editorial Jornalístico
- Ensaio
- Monografia
- Resenha

D) Texto Expositivo

Os textos expositivos são aqueles que possuem a atribuição de expor determinada ideia, utilizando diversos recursos como: definição de fatos , conceituação de aspectos importantes, informação pertinentes ao tema, como dados estatísticos e até comparações.

Alguns exemplos de gêneros textuais expositivos:

- Conferências
- Enciclopédia
- Entrevistas
- Palestras
- Seminários
- Trabalhos acadêmicos

E) Texto Injuntivo

O texto injuntivo é também chamado de texto instrucional. É aquele texto que indica uma ordem ou orientação, visando instruir seu interlocutor (ou receptor). Desse modo, exibem, muitas vezes, verbos no modo imperativo.

São alguns exemplos de gêneros textuais injuntivos:

- Bula de remédio
- Manual de instruções
- Propaganda
- Receita culinária
- Regulamento

EXERCÍCIOS DE TREINAMENTO

QUESTÃO 01 (FGV/2024)

Observe o parágrafo inicial do romance *Vidas Secas*, de Graciliano Ramos.

"Na planície avermelhada os juazeiros alargavam duas manchas verdes. Os infelizes tinham caminhado o dia inteiro, estavam cansados e famintos. Ordinariamente andavam pouco, mas como haviam repousado bastante na areia do rio seco, a viagem progredira bem três léguas. Fazia horas que procuravam uma sombra. A folhagem dos juazeiros apareceu longe, através dos galhos pelados da catinga rala."

A respeito desse parágrafo é correto afirmar que se trata de um texto

a) narrativo, com inserções descritivas.

b) exclusivamente descritivo.

c) integralmente narrativo.

d) narrativo com inserções argumentativas

e) descritivo com inserções argumentativas.

QUESTÃO 02 (FUNDATEC/2024)

Sobre a narração, conforme descrevem Platão e Fiorin, analise as assertivas a seguir:

I. Na narração, as quatro características (transformação de situações concretas, figuratividade, relações de posteridade, concomitância e anterioridade entre os episódios relatados e utilização do subsistema temporal do passado) não necessitam estar todas presentes no texto. Se em um texto houver apenas duas delas, já o consideramos uma narração.

II. A narratividade é um componente que pode existir em textos que não são narrações. A narratividade é a transformação de situações.

III. O que define o componente narrativo de um texto é a mudança de situação, a transformação. Narrativa é, pois, uma mudança de estado operada pela ação de uma personagem.

Quais estão corretas?

a) Apenas I.

b) Apenas II.

c) Apenas I e II.

d) Apenas II e III.

e) I, II e III.

QUESTÃO 03 (CONSULPLAN/2024)

A importância da educação e conscientização no combate à violência feminina

No contexto atual, é alarmante constatar que muitas mulheres ainda desconheçam os diferentes tipos de violência feminina perpetrados contra elas. Essa falta de conhecimento não apenas contribui para a perpetuação do ciclo de abuso, mas também as impede de buscar ajuda e se proteger adequadamente. Dentro dessa realidade preocupante, destacam-se diversos tipos de violência feminina, cada um com suas características e impactos específicos.

A violência física, por exemplo, manifesta-se através de agressões diretas como socos, chutes e empurrões, deixando marcas visíveis e emocionais profundas. Já a violência psicológica, talvez menos evidente, é igualmente devastadora, minando a autoestima e o bem-estar emocional da vítima por meio de humilhações, xingamentos e ameaças constantes.

A violência sexual é outra forma de agressão que merece atenção especial. Ela engloba qualquer tipo de abuso, coerção ou intimidação sexual não consentida, deixando cicatrizes emocionais que muitas vezes perduram por toda a vida. Enquanto isso, a violência patrimonial é uma realidade cruel na qual a vítima é submetida ao controle abusivo de seus bens e recursos financeiros, limitando sua independência e liberdade.

Por fim, a violência moral, muitas vezes subestimada, também causa danos significativos ao expor a intimidade da mulher, difamando-a publicamente e comprometendo sua dignidade e reputação.

Para combater essa falta de conhecimento e conscientizar as mulheres sobre seus direitos e formas de se protegerem, é fundamental implementar programas educacionais desde cedo, principalmente nas escolas. Educar crianças e adolescentes sobre respeito, igualdade de gênero e prevenção da violência é essencial para criar uma sociedade mais justa e igualitária.

As escolas desempenham um papel fundamental nesse processo, pois são espaços privilegiados para a disseminação de conhecimento e valores. Ao incluir em suas grades curriculares conteúdos relacionados à violência de gênero, as escolas contribuem para a formação de cidadãos mais conscientes e engajados na luta contra a violência feminina.

Além disso, é importante que as instituições de ensino ofereçam espaços seguros e acolhedores onde os alunos possam discutir abertamente questões relacionadas à violência de gênero, esclarecer dúvidas e buscar apoio em casos de violência. Além disso, é crucial que o papel da mulher como mãe seja valorizado e discutido dentro das famílias. Conversas abertas sobre questões relacionadas à violência de gênero e o ensino aos filhos sobre o respeito e a valorização das mulheres desde cedo são eficazes na promoção de mudanças culturais e comportamentais.

Outra medida importante é a adoção de políticas mais rigorosas pelas plataformas digitais, que devem coibir publicações agressivas ou que promovam a violência contra as mulheres. A fiscalização rigorosa nessas plataformas pode ajudar a prevenir a disseminação de discursos de ódio e a proteger as mulheres do assédio online.

As plataformas digitais têm uma visibilidade ampla e a capacidade de disseminar informações rapidamente. Portanto, é essencial que utilizemos essas ferramentas de forma responsável e ética, promovendo a conscientização e o combate à violência feminina em todas as esferas da sociedade.

É essencial que a sociedade se una para garantir que essas leis sejam implementadas efetivamente e que as mulheres tenham acesso à informação, justiça e proteção necessárias para viverem livres de violência.

(Advogado Paulo Meira Passos, Diretor-Chefe da Meira Passos Advogados e Advogado da Comissão da OAB-MG. Disponível em: <https://www.hojeemdia.com.br/opiniao/. Acesso em: fevereiro de 2024.)

No último parágrafo do texto, é possível reconhecer a retomada de um posicionamento do enunciador e uma referência a ideias propositivas em relação à situação-problema apresentada, que é um dos recursos textuais característicos

a) do texto injuntivo.

b) do texto prescritivo.

c) do discurso indireto.

d) do discurso dissertativo.

QUESTÃO 04 (EDUCA/2024)

O Leão e o Rato

O Leão era orgulhoso e forte, o rei da selva. Um dia, enquanto dormia, um minúsculo rato correu pelo seu rosto. O grande Leão despertou com um rugido. Pegou o ratinho com uma de suas patas e levantou a outra para esmagar a débil criatura que o incomodara.

O Rato amedrontado começou a chorar, implorando:

– Oh, por favor, poderoso Leão, não me mate, por favor! Se o senhor me soltar, eu prometo que um dia irei retribuir este favor.

Isso foi, para o felino, uma grande diversão. A ideia de uma criatura tão pequena e assustada ser capaz de ajudar o rei da selva era tão engraçada que ele caiu na gargalhada. E disse:

– Ridículo! Eu sou o maioral, sou o rei da floresta, não preciso de ninguém! Vá-se embora, antes que eu mude de ideia...

Dias depois, um grupo de caçadores entrou na selva para capturar o Leão. Os homens subiram em duas árvores, uma de cada lado do caminho e fizeram a armadilha com uma rede. Mais tarde, o Leão estava andando distraído pelo lugar, quando pisou na armadilha e ficou preso na rede dos caçadores, que se fechou sobre ele.

O Leão rugiu e lutou muito, mas não conseguiu escapar, a rede estava bem forte e apertada e ele ficou incapaz de se mover.

Irritado, o Leão rugia cada vez mais alto, mas ninguém se atrevia a aproximar-se dele.

– Ai de mim! Ficarei aqui até os caçadores voltarem para me matar!

Lá longe na selva, estava o Rato que o Leão libertara. Ele ouviu os rugidos e veio ver o que estava acontecendo. Ele foi a única criatura que resolveu ajudar o Leão. Silenciosamente, subiu na árvore e começou a roer a corda com seus dentinhos afiados. Demorou um pouco, mas conseguiu cortar e libertar o rei da selva. Já livre no chão, o Leão viu o ratinho.

– Oh… É você?!

– O senhor riu da ideia de que eu teria capacidade de ajudá-lo um dia. Nunca esperava receber de mim qualquer favor em troca do seu. Mas, agora sabe que, mesmo uma pequena criatura como eu, é capaz de retribuir um favor a um poderoso Leão como o senhor.

Moral da história: Os pequenos amigos podem se revelar como os melhores aliados.

https://psicogenese.hvirtua.com/modelo-de-teste-o-leao-e-o-rato/

Sobre o texto, é correto afirmar que é:

a) Lenda.

b) Anedota.

c) Crônica.

d) Piada.

e) Fábula.

GABARITO
1-A
2-D
3-D
4-E

1.2. Paronímia e homonímia

- **Homônimos:** são palavras que se apresentam ou com a mesma pronúncia, (palavras homófonas), ou com a mesma grafia (palavras homógrafas),

  Sempre com significados diferentes.

São chamados de "homônimos perfeitos", aquelas palavras que se apresentam com a mesma grafia e a mesma sonoridade na pronúncia.

São alguns exemplos:

- O **pelo** do cachorro é caramelo e branco.
- **Pelo** caminho da vida iremos felizes.
- Tenho que chegar **cedo** na apresentação do seminário.
- **Cedo** meu lugar às gestantes e idosos nos coletivos.

- **Parônimos** são aquelas palavras que se apresentam com significados diferentes, todavia se parecem na pronúncia ou na escrita.

  São por exemplos de palavras parônimas:

  - soar (produzir som) e suar (transpirar);
  - acento (sinal gráfico) e assento (local para sentar);
  - acender (dar luz) e ascender (subir).

- **Polissemia**

  A polissemia caracteriza-se pela multiplicidade de significados que uma palavra pode possuir. A língua portuguesa tem por natureza muitas palavras polissêmicas.

  Alguns exemplos:

  - Joaquina quebrou a **perna** brincando no pula-pula.
  - A **perna** da cadeira do escritório é de metal.

- Meu aluno, que **letra** ilegível!
- A **letra** desta música é extremamente inteligente.

1.3. Conotação e denotação

A **conotação** apresenta o sentido figurado e subjetivo de uma palavra, ampliando, deste modo, seu campo semântico a depender do contexto em que se apresenta.

Importante frisar que na maioria das vezes, a linguagem conotativa é utilizada em textos de cunho poético, com o intuito de produzir sensações no leitor.

A **denotação** apresenta o sentido literal e objetivo de uma palavra. Aborda uma linguagem mais informativa.

É amplamente utilizada em trabalhos acadêmicos, jornais, entre outros.

EXERCÍCIOS PARA TREINAMENTO.

QUESTÃO 01 (IESES) Quais palavras são homônimas?

a) certeza, dúvida
b) espiar, expiar
c) reunião, encontro
d) claro, escuro

QUESTÃO 02 (COPEVE-UFAL) Nos pares de palavras: vultoso/vultuoso, entender/intender e descriminar/discriminar, tem-se:

a) palavras homônimas, pois apesar de serem pronunciadas de forma semelhante, têm significados diferentes.
b) palavras parônimas, pois podem apresentar semelhanças na grafia ou na pronúncia, mas têm significados diferentes.

c) palavras sinônimas, pois podem ser empregadas com o mesmo valor referencial em um determinado contexto.

d) palavras homófonas, pois são pronunciadas da mesma forma e têm o mesmo significado.

e) palavras homônimas, pois podem apresentar semelhanças na grafia ou na pronúncia, mas têm significados diferentes.

QUESTÃO 03 (COPEVE-UFAL) Marque a opção que preenche corretamente as lacunas das seguintes frases.

I. Após comprovar embriaguez ao volante, o delegado decretou prisão em ________.

II. Logo em seguida, o advogado apresentou ________ de segurança.

III. Sem a menor ________, o acusado ________ todas as normas de respeito à autoridade judicial e comprometeu a ________ de conciliação.

a) flagrante - mandado - discrição - infrigiu - sessão

b) flagrante - mandato - descrição - infligiu - seção

c) fragrante - mandado - discrição - infligiu - cessão

d) flagrante - mandado - descrição - infligiu - sessão

e) fragrante - mandato - descrição - infrigiu - seção

QUESTÃO 04 (COPEVE-UFAL) A questão refere-se ao texto abaixo.

Assim cresceu Negrinha - magra, atrofiada, com os olhos eternamente assustados. Órfã aos quatro anos, por ali ficou feito gato sem dono, levada a pontapés. Não compreendia a ideia dos grandes. Batiam-lhe sempre, por ação ou omissão. A mesma coisa, o mesmo ato, a mesma palavra provocava ora risadas, ora castigos.

A expressão "feito gato sem dono, levada a pontapés" nos leva a entender que Negrinha vivia abandonada e maltratada. Segundo a situação que nos foi apresentada no texto, esse é um caso típico de

a) sinonímia.
b) denotação.
c) conotação.
d) polissemia.
e) homonímia.

GABARITO
1- B
2- B
3- A
4- C

1.4. Intertextualidade

A **intertextualidade** é um recurso que acontece entre textos: é a influência e relação entre textos. Falamos que os textos "conversam" com seu "contexto".

Dessa maneira, estabelece a ocorrência de relações no processo de criação/ produção de textos que fará referências, tanto explícitas, quanto implícitas aos elementos que existem em outro texto.

Tais relações podem ser estabelecidas a nível de conteúdo, da forma ou de ambos aspectos.

Existem variadas maneiras de ocorrer a intertextualidade; alguns dos tipos de intertextualidade mais usuais são:

- **Paródia**: aqui ocorre a "perversão" do texto a que faz relação. Apresenta, normalmente, como crítica/ironia; possui caráter humorístico.
- **Paráfrase**: apresenta-se com recriação de um texto base já existente, porém preservando a mesma ideia que o texto original tem. Importante: sempre fazendo o uso de palavras diferentes.
- **Epígrafe**: é um jeito bem utilizado em obras, em textos científicos (como artigos ou monografias) Corresponde no acréscimo de um período ou mesmo de um parágrafo que apresente relação com a temática do texto.

1.5. Variação linguística

As **variações linguísticas** agrupam as variantes da língua portuguesa, que foram criadas pelos falantes e são reinventadas rotineiramente.

As variações se apresentam em inúmeros aspectos, como históricos, sociais, culturais, geográficos, entre outros. No Brasil, encontra-se muitas variações linguísticas, por exemplo, na linguagem regional, também chamada de regionalismos.

1.6. Prosa e verso

Prosa: noções de frase, período, parágrafos;

- Verso: noções de verso e estrofe;

COMO INTERPRETAR BEM UM TEXTO?

Candidato, a interpretação de um texto tem como requisitos:

- Existência de conhecimento prévio quanto ao assunto/conceito discutido no texto analisado (contexto);
- Obtenção de conteúdos extras pelo leitor: isso possibilitará uma interpretação mais ampla e coerente;
- Visão crítica por parte do leitor; que deverá "questionar" e "duvidar" do texto, sempre em busca de mais informações e argumentatividade.

DE OLHO NO BIZU:

Diferença entre COMPREENSÃO E INTERPRETAÇÃO DE TEXTO:

DIFERENTES ENUNCIADOS

Os enunciados das questões que solicitam a compreensão de um texto utilizam as seguintes expressões:

- O autor afirma que...
- O autor sugere...
- Segundo o texto...
- O autor do texto diz que...
- O texto informa que...
- No texto...
- De acordo com o autor...
- Na opinião do autor do texto...
- Tendo em vista o texto...

Atenção aluno: os enunciados de questões que pedem a interpretação de um texto podem se utilizar das seguintes expressões:

- Conclui-se do texto que...
- O texto permite deduzir que...
- Diante do que foi exposto, podemos concluir...
- É possível subentender-se a partir do texto que...
- Qual a intenção do autor quando afirma que...
- O texto possibilita o entendimento de que...
- Infere-se do texto que...
- Com o apoio do texto, infere-se que...
- O texto encaminha o leitor para...

As questões das provas de concurso trabalham com níveis de leitura

Um passo a passo para auxiliar no direcionamento da leitura e análise de textos:

PASSO 1: Decodificação

- RECONHECIMENTO TEXTUAL.
- POSSUI QUANTOS PARÁGRAFOS?
- QUAIS OS CONECTIVOS USADOS ENTRE/INTRA PARÁGRAFOS?
- QUAL É O ASSUNTO GERAL DESSE TEXTO?
- TEM DADOS ESTATÍSTICOS?
- APRESENTA ALGUMA CITAÇÃO?
- QUAL A FONTE DO TEXTO?
- QUEM É O AUTOR DO TEXTO?

Passo 2: Compreensão

- Na compreensão textual busca-se perceber o sentido global do texto;
- Analisa-se os detalhes do conteúdo abordado;
- Atenção ao que está explícito/escrito.

Passo 3: INTERPRETAÇÃO

- É na interpretação do texto que identificamos as ideias principais do texto;
- Aqui percebemos as relações semânticas entre as ideias principais e as ideias secundárias;
- O que está IMPLÍCITO; demanda leitura de mundo;
- Neste ponto analisaremos as inferências textuais (intertextualidade); leitura crítica da temática, além de analogias e comparações.

Erros comuns da INTERPRETAÇÃO TEXTUAL

- 1. Extrapolação das ideias apresentadas pelo autor.
- 2. Contradição entre o que é apresentado e o que se infere.
- 3. Redução do que o autor quis apresentar no texto.

ATIVIDADES PARA TREINAMENTO:

QUESTÃO 01 (CONSULPLAN /2024)

Na escuridão miserável

Eram sete horas da noite quando entrei no carro, ali no Jardim Botânico. Senti que alguém me observava, enquanto punha o motor em movimento. Voltei-me e dei com uns olhos grandes e parados como os de um bicho, a me espiar, através do vidro da janela, junto ao meio-fio. Eram de uma negrinha mirrada, raquítica, um fiapo de gente encostado ao poste como um animalzinho, não teria mais que uns sete anos. Inclinei-me sobre o banco, abaixando o vidro:

– O que foi, minha filha? – perguntei, naturalmente, pensando tratar-se de esmola.

– Nada não senhor – respondeu-me, a medo, um fio de voz infantil.

– O que é que você está me olhando aí?

– Nada não senhor – repetiu.– Tou esperando o ônibus...

– Onde é que você mora?

– Na Praia do Pinto.

– Vou para aquele lado. Quer uma carona?

Ela vacilou, intimidada. Insisti, abrindo a porta:

– Entra aí, que eu te levo.

Acabou entrando, sentou-se na pontinha do banco, e enquanto o carro ganhava velocidade, ia olhando duro para a frente, não ousava fazer o menor movimento. Tentei puxar conversa:

– Como é o seu nome?

– Teresa.

– Quantos anos você tem, Teresa?

– Dez.

– E o que estava fazendo ali, tão longe de casa?

– A casa da minha patroa é ali.

– Patroa? Que patroa?

Pela sua resposta, pude entender que trabalhava na casa de uma família no Jardim Botânico: lavava roupa, varria a casa, servia a mesa. Entrava às sete da manhã, saía às oito da noite.

– Hoje saí mais cedo. Foi jantarado.

– Você já jantou?

– Não. Eu almocei.

– Você não almoça todo dia?

– Quando tem comida pra levar, eu almoço: mamãe faz um embrulho de comida pra mim.

– E quando não tem?

– Quando não tem, não tem – e ela até parecia sorrir, me olhando pela primeira vez. Na penumbra do carro, suas feições de criança, esquálidas, encardidas de pobreza, podiam ser as de uma velha. Eu não me continha mais de aflição, pensando nos meus filhos bem nutridos – um engasgo na garganta me afogava no que os homens experimentados chamam de sentimentalismo burguês:

– Mas não te dão comida lá? – perguntei, revoltado.

– Quando eu peço eles dão. Mas descontam no ordenado, mamãe disse pra eu não pedir.

– E quanto é que você ganha?

Diminuí a marcha, assombrado, quase parei o carro. Ela mencionara uma importância ridícula, uma ninharia, não mais que alguns trocados. Meu impulso era voltar, bater na porta da tal mulher e meter-lhe a mão na cara.

– Como é que você foi parar na casa dessa... foi parar nessa casa? – perguntei ainda, enquanto o carro, ao fim de uma rua do Leblon, se aproximava das vielas da Praia do Pinto. Ela disparou a falar:

– Eu estava na feira com mamãe e então a madame pediu para eu carregar as compras e aí noutro dia pediu a mamãe pra eu trabalhar na casa dela, então mamãe deixou porque mamãe não pode deixar os filhos todos sozinhos e lá em casa é sete meninos fora dois grandes que já são soldados pode parar que é aqui moço, obrigado.

Mal detive o carro, ela abriu a porta e saltou, saiu correndo, perdeu-se logo na escuridão miserável da Praia do Pinto.

(SABINO, Fernando. A Companheira de Viagem. Rio de Janeiro. Sabiá, 1972.)

A coerência textual tem a ver com o conteúdo do texto, sua organização e sua articulação. Entender um texto é atribuir coerência a ele, é processá-lo com os conhecimentos e a habilidade de interpretação que se tem. Dessa forma, há uma inadequação sobre a acepção das palavras em:

a) *"Ela vacilou, intimidada."* (9º§) – desconfiou; hesitou.

b) *"Ela mencionara uma importância ridícula, uma ninharia, não mais que alguns trocados."* (30º§) – mixaria; bagatela.

c) "[...] *suas feições de criança, esquálidas, encardidas de pobreza, podiam ser as de uma velha.*" (26º§) – tristonhas; melancólicas.

d) "*Eram de uma negrinha mirrada, raquítica, um fiapo de gente encostado ao poste como um animalzinho,* [...]" (1º§) – franzina; miúda.

QUESTÃO 02 (CONSULPLAN/2024)

Entenda a Lei Brasileira de Inclusão

A Lei Brasileira de Inclusão – LBI, também conhecida como Estatuto da Pessoa com Deficiência, é um conjunto de normas destinadas a assegurar e a promover, em igualdade de condições, o exercício dos direitos e liberdades fundamentais por pessoas com deficiência, visando à sua inclusão social e a cidadania.

A Lei foi editada em 06 de julho de 2015, mas entrou em vigor no dia 03 de janeiro de 2016, após cumprir um período de vacância de 180 dias, passando a beneficiar mais de 45 milhões de brasileiros que possuem algum tipo de deficiência, de acordo com os dados do IBGE.

A Lei Brasileira de Inclusão foi criada a fim de dar efetividade à Convenção Internacional da ONU sobre os Direitos das Pessoas com Deficiência e seu Protocolo Facultativo, assinados pelo Brasil, em Nova York, no dia 30 de março de 2007.

A principal inovação da LBI foi a mudança no conceito jurídico de "deficiência", que deixou de ser considerada como uma condição estática e biológica da pessoa, passando a ser tratada como o resultado da interação das barreiras impostas pelo meio com as limitações de natureza física, mental, intelectual e sensorial do indivíduo.

No entanto, mais do que o conceito de deficiência, a LBI trata de diversas ferramentas para garantir que todos os direitos das pessoas com deficiência sejam respeitados, e para que possam se defender da exclusão, da discriminação, do preconceito e da ausência de acesso real a todos os setores da sociedade.

Tamanha a gama de ferramentas introduzidas pela LBI, que dentre o seu texto encontram-se dispositivos que alteraram normas estabelecidas no Código Eleitoral, Código de Defesa do Consumidor, Estatuto das Cidades, Código Civil, Consolidação das Leis do Trabalho – CLT, dentre outras.

A LBI assegura às pessoas com deficiência a oferta de sistema educacional inclusivo em todos os níveis e modalidades, de acordo com suas características, interesses e necessidades de aprendizagem.

Estabeleceu, ainda, o dever do poder público, dentre outros, de instituir projeto pedagógico que institucionalize o atendimento educacional especializado, assim como os demais serviços e adaptações razoáveis, para atender às características dos estudantes com deficiência e garantir o seu pleno acesso ao currículo em condições de igualdade, promovendo a conquista e o exercício de sua autonomia.

Importante destacar que a LBI estabelece que as instituições privadas, de qualquer nível ou modalidade, devem cumprir todas as políticas de inclusão e oferecimento de atendimento educacional especializado, sendo proibida a cobrança de valores adicionais de qualquer natureza em suas mensalidades, anuidades e matrículas.

(Ivan Almeida. Disponível em: https://www.politize.com.br/lei-brasileira-de-inclusao/. Fragmento. Acesso em: 12/2002.)

"A Lei foi editada em 06 de julho de 2015, mas entrou em vigor no dia 03 de janeiro de 2016, após cumprir um período de vacância de 180 dias, [...]" (2º§). De acordo com o contexto, assinale o significado correto de "vacância".

a) Período de votação da Lei.
b) Tempo de elaboração da nova Lei.
c) Tempo determinado ocupado pela Lei.
d) Período para a assimilação da nova Lei.

QUESTÃO 03 (ITAME/2024)

Assinale a alternativa que apresenta o nível de linguagem usado no texto a seguir.

Os gliomas somam mais de 70% de neoplasias do sistema nervoso central. Gliomas de baixo grau apresentam uma tendência para progredir para fenótipos mais malignos sendo que os mais frequentes e agressivos compreendem os glioblastomas (GBM). Em estudos prévios, baseados em eletroforese bidimensional e espectrometria de massas, nós reportamos que a proteína nucleofosmina (NPM) estava aumentada em GBMs, quando comparados com tumores astrocíticos de graus II e III e tecido cerebral não neoplásico. NPM é uma fosfoproteína nucleolar relacionada à apoptose, biogênese dos ribossomos, mitose e reparo do DNA, que possui expressão alterada em câncer.

Marcela Gimenez. Texto adaptado. Disponível em: https://pdfs.semanticscholar.org/ff76/b33d029f41ac9573c6f87baf01ab-9b47ed27.pdf. Acesso em: 26 abr. 2024.

a) Linguagem técnica, pois o texto faz uso de termos técnicos e jargões relacionados a uma área específica de conhecimento.
b) Linguagem coloquial, pois inclui vocabulário mais simples, natural e próximo da linguagem falada no dia a dia.
c) Linguagem formal, pois faz uso de vocabulário sofisticado, com estruturas gramaticais complexas.

d) Linguagem literária, cujo objetivo é o de criar efeitos estilísticos, transmitir emoções e explorar a linguagem de forma artística, a partir da subjetividade do autor.

QUESTÃO 04 (ITAME/2024)

Analise as proposições e assinale a alternativa correta de acordo com o texto.

A maior parte das pessoas, quando ouve falar em "Saúde Mental", pensa em "Doença Mental". Mas, a saúde mental implica muito mais que a ausência de doenças mentais. Pessoas mentalmente saudáveis compreendem que ninguém é perfeito, que todos possuem limites e que não se pode ser tudo para todos. Elas vivenciam diariamente uma série de emoções como alegria, amor, satisfação, tristeza, raiva e frustração. São capazes de enfrentar os desafios e as mudanças da vida cotidiana com equilíbrio e sabem procurar ajuda quando têm dificuldade em lidar com conflitos, perturbações, traumas ou transições importantes nos diferentes ciclos da vida. A Saúde Mental de uma pessoa está relacionada à forma como ela reage às exigências da vida e ao modo como harmoniza seus desejos, capacidades, ambições, ideias e emoções. Todas as pessoas podem apresentar sinais de sofrimento psíquico em alguma fase da vida.

Disponível em: https://www.saude.pr.gov.br. Acesso em: 26 abr. 2024.

I. Ter saúde mental envolve mais fatores do que apenas não apresentar algum tipo de doença mental.

II. Pessoas com tendências a desenvolver doença mental em alguma fase da vida podem apresentar sinais de sofrimento físico ao enfrentar desafios sozinhas.

III. Pessoas mentalmente saudáveis enfrentam os desafios e as mudanças da vida cotidiana com equilíbrio e consciência de que não são perfeitas e que não podem resolver tudo sozinhas.

a) Está correta apenas a I.

b) Estão corretas apenas I e III.

c) Estão corretas apenas I e II.

d) Estão corretas apenas II e III.

GABARITO
1- C
2- D
3- A
4- B

2. ORTOGRAFIA

A ortografia é uma parte da gramática que versa sobre a grafia correta das palavras. A etimologia do termo ortografia: *orthos* do grego, reto, exato e *graphia* do latim, escrita.

É importante ressaltar que a melhor forma de dominar a ortografia é a prática constante da leitura. Por meio da leitura, amplia-se a capacidade de conhecer o idioma, aumentando o léxico e o entendimento do funcionamento linguístico.

Desde janeiro de 2016, entrou em vigor o Novo Acordo Ortográfico; a seguir, apresentaremos as principais alterações da Reforma Ortográfica da Língua Portuguesa.

O alfabeto:

A modificação ocorrida com o novo acordo ortográfico foi o acréscimo das letras –k; -w; -y;

A-B-C-D-E-F-G-H-I-J-**K**-L-M-N-O-P-Q-R-S-T-U-V-**W**-X-**Y**-Z

Observamos que as letras –k –W –Y são utilizadas em nomes próprios estrangeiros, estrangeirismos, abreviaturas e também nos símbolos internacionais, como nos exemplos:

- Nova York
- Hardware
- Kg (quilograma)
- W (Watt)

Outra mudança ocorrida foi o desuso do trema (¨). Atualmente, usa-se apenas em alguns nomes próprios, como em Müller.

SOBRE O USO DE LETRAS MAIÚSCULAS E MINÚSCULAS

MAIÚSCULAS:

- início de frases;
- substantivos próprios;
- nomes de eventos, astros, títulos e siglas.

MINÚSCULAS:

- Dias da semana;
- Meses do ano;
- Estações do ano;
- Palavras fulano, sicrano e beltrano.

USOS DOS PORQUÊS

Uma dúvida frequente dos estudantes da língua portuguesa é referente ao uso correto dos "porquês".

- PORQUE: quando se tratar de uma explicação ou causa, por ser uma conjunção explicativa. Pode ser trocado pela conjunção "pois";
- POR QUE: será utilizado no início de perguntas e também quando puder ser substituído por motivo ou razão;

- PORQUÊ: é um substantivo; virá acompanhado por algum determinante (artigo, numeral, adjetivo, pronome);
- POR QUÊ: será utilizado ao final de frases interrogativas.

E mais...

X ou CH

É usado depois de ditongos (caixa) e depois da sílaba inicial –en (ex.: enxergar).

E também em palavras iniciadas com a sílaba –me (ex.: mexer). Palavras de origem africana ou indígena (ex.: abacaxi; oxalá; maxixe; caxambu).

S ou X

É usado em palavras derivadas cujas primitivas apresentem a letra –s no radical (ex.: casa/casinha)Uma exceção está na palavra catequese e sua derivada catequizar.

Também será usado o –s nos sufixos –ês e –esa ao designarem nacionalidade ou título (ex.: português; portuguesa; baronesa).

S ou Z

Usos do –s:

Será utilizado após ditongos, se o fonema ficar com som de –Z (ex.: faisão; coisa).

Também será utilizado quando conjugar os verbos pôr e querer (ex.: pôs; quis) e em casos de sufixos gregos –ase; -ese; -ise; -ose; (ex.: crises, glicose) e em vocábulos que terminarem em –oso; -osa (ex.: gostoso; populosa).

Usos do –z:

Será utilizado em caso de substantivo abstrato derivados de adjetivos (ex.: maciez; sensatez).

Nos sufixos –zinho(s); -zito(s); -zada(s); -zorra(s) (ex.: cafezinho; cãezitos; jacarezada; mãozorra).

QUESTÃO 01 (Asconprev – 2020)

Empresas que exploram recursos humanos e naturais na sede por lucro são ____1________ insustentáveis. Tais empresas têm cada vez menos espaço numa época em que a pressão de acionistas e investidores por responsabilidade social e ambiental é cada dia maior.

A situação ideal no desempenho de sua empresa, como o "ponto doce" da raquete de tênis, no qual a batida na bola é mais eficaz, é aquela em que os interesses financeiros coincidem com os interesses sociais e ambientais.

O movimento em busca desse lugar ideal chama-se sustentabilidade, e muitas empresas da Fortune 100, como DuPont, PepsiCo e Toyota, estão começando a explorá-lo como o mais revolucionário conceito de negócios.

Reagindo à pressão crescente dos reguladores, dos ambientalistas e dos acionistas _____2_______de consciência ambiental, aquelas e outras empresas estão à procura de soluções que proporcionem recompensas ambientais e sociais, além dos resultados financeiros. As empresas que ______3________os princípios da sustentabilidade estão sujeitas a sérios______4_________em seus objetivos de negócios.

'A empresa sustentável' é um livro desbravador que mapeia a _____5____________da sustentabilidade no mundo dos negócios e mostra por que o sucesso financeiro caminha cada vez mais de mãos dadas com as realizações sociais e ambientais.

Disponível em https://www.travessa.com.br/ (trecho) Acesso em: 18/11/20

Marque a alternativa em que todas as palavras que completam o texto estão grafadas corretamente:

a) 1. empreendimentos 2. imbuídos 3. infringem 4. retrocessos 5. ascensão

b) 1. empreendimentos 2. embuídos 3. infringem 4. retrocessos 5. ascenção

c) 1. emprendimentos 2. imbuidos 3. enfringem 4. retrosessos 5. assensão

d) 1. emprendimentos 2. embuidos 3. inflingem 4. retrosseços 5. asensão

e) 1. impreendimentos 2. inbuídos 3. inflingem 4. retrocesos 5. Assenção

QUESTÃO 02 (Unoesc/2020)

Leia as frases e analise-as quanto às recomendações da norma culta sobre acentuação gráfica. A seguir, assinale a alternativa correta.

I. "Só se vê bem com o coração. O essencial é invisível para os olhos."

II. "As coisas têm vida própria. Tudo é questão de despertar sua alma."

III. "Quem escreverá a história do que poderia ter sido?"

IV. "Em econômia, é fácil explicar o passado."

a) I, II e III estão corretas.

b) Apenas I e IV estão corretas.

c) Nenhuma frase está correta.

d) Todas as frases estão corretas.

QUESTÃO 03 (AVANÇA SP/2020)

No que se refere à ortografia, mais precisamente sobre o dígrafo "ch" e a letra "x" assinale a alternativa INCORRETA:

a) bucha.
b) cacho.
c) brecha.
d) seixo.
e) paxorra.

QUESTÃO 04 (AVANÇA SP/2020) Como se sabe, existem três tipos de vocábulos homônimos: homófonos, homógrafos e perfeitos. São exemplos de vocábulos homófonos, EXCETO:

a) caçar – cassar.
b) colher – colher.
c) conserto – concerto.
d) saldar – saudar.
e) tachar – taxar.

GABARITO
1- A
2- A
3- E
4- B

3. ACENTUAÇÃO

Candidato,

Prosódia é a parte da gramática normativa que trata da acentuação gráfica, sobre acentuar, de modo correto, as palavras do nosso idioma. É um conteúdo muito relevante para a resolução de questões e na elaboração de textos. Demonstra domínio da língua portuguesa, principalmente nos aspectos da linguagem escrita e garantindo assim, notas que o levarão às melhores classificações.

É importante rememorar que existem sinais gráficos, chamamos de sinais diacríticos, que indicam a forma correta de pronunciar as palavras. São eles:

Acento agudo (´): que marca o som aberto, como nos vocábulos: príncipe, vitória, jacaré;

Acento circunflexo (^): que marca o som fechado, como nos vocábulos: concordância, regência, três;

Acento grave (`): que marcará a presença de crase;

E atenção: o til (~) é apenas marca de nasalização, portanto não é considerado acento gráfico.

SÍLABA: EMISSÃO DE VOZ. EM LÍNGUA PORTUGUESA NÃO EXISTE SÍLABA SEM VOGAL.

PALAVRAS MONOSSÍLABAS:

São as palavras que possuem apenas uma sílaba. Serão acentuados os **monossílabos tônicos** que terminam em: **a/as, e/es, o/os.**

Exemplos:

Chá, fé, só;

Atenção, candidato: a regra dos monossílabos tônicos inclui os verbos monossílabos quando usados com pronomes. Também quando terminados em a/e/o/.

Exemplo:

Verbo dar: dá-lo (dar+ o)

Verbo dizer: dizê-lo (dizer + o)

As palavras que possuem duas ou mais sílabas são assim classificadas:

OXÍTONAS: palavras em que a sílaba mais forte (tônica) é a última sílaba.

PAROXÍTONAS: palavras em que a sílaba mais forte é a penúltima sílaba.

PROPAROXÍTONAS: palavras em que a sílaba mais forte é a antepenúltima sílaba.

REGRA DAS OXÍTONAS

Serão acentuados os vocábulos cuja última sílaba seja tônica, quando terminarem em:

a/as, e/es, o/os, em/ens

Exemplos:

Parabéns, café, você, Amapá, alguém, quiçá, após, bibelô.

Candidato: quando a palavra oxítona terminar com outras letras, não serão acentuadas. Por exemplo: amor, anzol, tupi, angu, caju, voraz.

Atenção: O Novo Acordo Ortográfico apresenta de forma facultativa o acento circunflexo nas palavras metrô e judô.

REGRA DAS PAROXÍTONAS

Serão acentuados os vocábulos cuja penúltima sílaba seja tônica, quando terminarem em:

i/s	Júri, tênis, beribéri
l	Amável, dócil, têxtil
n	Pólen, éden, líquen (quando pluralizadas perdem o acento)
Om/on	Plâncton, prótons, íon
ps	Tríceps, fórceps, bíceps
r	Repórter, cadáver, dólar
um	Álbum, fórum, pódium
us	Bônus, Vênus, ônus,
x	Xérox, córtex, tórax

ã/ãs	Ímã, órfã, dólmã
Ão/ãos	Sótão, bênçãos, órgão
ditongo	Água, mágoa, série

Observações:

Seguindo o Novo Acordo Ortográfico, palavras terminadas em ditongo –ei; -oi não serão mais acentuados, como nos exemplos:

Coreia, odisseia, paranoia, jiboia, heroico e assembleia.

Porém, o acento continua válido nas palavras oxítonas terminadas em –éu(s)/ -ói(s)/ éis.

Como nos exemplos: herói, fiéis anéis, sóis.

Perderam o acento palavras com –i e –u tônicos, depois de ditongo, que formam hiatos:

Exemplos: Sauipe, feiura e bocaiuva.

REGRA DAS PROPARÓXITONAS

Todas as palavras proparoxítonas são acentuadas. E essa regra se sobressai em qualquer outra, pois não levará em consideração qual letra termina a palavra ou a separação das sílabas.

Exemplos: Bárbara, árvore, científico, dinâmico, cítara, exército, jornalístico.

Atenção: existem palavras proparoxítonas eventuais (ou aparentes) que são, na verdade, palavras paroxítonas terminadas em ditongo crescente. Por exemplo, o vocábulo história. A depender da divisão silábica, poderá ser uma paroxítona ou uma proparoxítona eventual. É preferível, e as bancas de maneira geral optam, por analisar como paroxítonas terminadas em ditongos crescentes. Mas vale ressaltar que algumas bancas podem cobrar, como maneira alternativa, uma segunda forma de divisão silábica deste grupo.

REGRA DOS HIATOS

Lembrando que hiato ocorre quando as vogais de separam, a regra do hiato tem como base a separação das sílabas das palavras em questão. Observe:

Faísca: fa-ís-ca

Paraíba: Pa-ra-í-ba

Saúde: sa-ú-de

Portanto, deverá ser acentuada as palavras em que o –i e –u tônicos, quando separados ficarem em sílabas diferentes.

Essa regra é queridinha das bancas. É importante frisar que a regra dos hiatos, mesmo baseada na separação das sílabas, em certos momentos, não levará em conta a posição das sílabas tônicas: juízes/ ju-í-zes (paroxítona) e açaí/ a-ça-í (oxítona).

Regra básica dos hiatos:

Será acentuada as vogais –i e –u nos seguintes casos:

- Sejam a segunda vogal do hiato;
- Seja a sílaba tônica;
- Não esteja junta a uma vogal idêntica;
- Não tenha na próxima sílaba –nh;

Alguns exemplos:

Cafeína, raízes, ciúmes.

Palavras como rainha e bainha não são acentuadas pois a sílaba, após o hiato, começa com –nh.

4. SINONÍMIA E ANTONÍMIA

Em língua portuguesa existem mais de 380mil palavras. E temos como característica intrínseca da língua a polissemia.

Em aspectos de sentido, em nosso idioma, muitas palavras possuem sinônimos (semântica semelhante) e antônimos (semântica oposta).

Sinônimos:

Vocábulos diferentes que possuam campo de significado semelhantes. Cabe ressaltar que nem sempre teremos sinônimos perfeitos, pois poderá existir alguma diferença, mesmo que sutil, em seus usos.

Observe:

O idoso morreu no atropelamento.

A mulher faleceu sozinha em seu apartamento.

Tenho uma linda casa.

Tenho um lindo lar.

O casamento foi concretizado.

O matrimônio foi concretizado.

Mais alguns exemplos que caíram em provas de concursos:

Epifania: revelação

Beluíno: feral

Inefável: indizível

Solidária: humanitária

Inverossímil: inacreditável

Inquilino: alugatário, arrendatário

Atípico: incomum, especial

Falácia: hipocrisia

Arauto: anunciador

Antônimos

De maneira contrária às palavras sinônimas, os antônimos são vocábulos que apresentam campos de significação opostos entre si.

Seguem os exemplos:

Tinha como essência suas atitudes altruístas.

João era um homem muito egoísta.

Era feliz e não sabia.

Era triste e não sabia.

O Paraná é um Estado frio.

O Tocantins é um Estado quente.

Mais alguns exemplos de antônimos que caíram em provas de concursos públicos:

Intenso: leve

Constantemente: raramente

Benéfico: prejudicial

Atípico: cotidiano, regular

Importante: irrelevante

Ignorante: civilizado, sábio

Minucioso: superficial

Fervoroso: inexpressivo, indiferente

Convicto: dúbio, inseguro

Autônomo: dependente

EIXO 2

Ellen Thays Brandão
Joaquim Leitão Júnior

5. Sentido próprio e figurado das palavras. 6. Pontuação. 7. Classes de palavras: substantivo, adjetivo, numeral, artigo, pronome, verbo, advérbio, preposição e conjunção, interjeição, emprego e sentido que imprimem às relações que se estabelecem. 7.1 Substantivos. 7.1.1. Substantivos comuns e próprios. 7.1.2. Substantivos concretos e abstratos. 7.1.3. Substantivos simples e compostos. 7.2. Adjetivos. 7.3. Numerais. 7.4. Artigos. 7.5. Pronomes. 7.6. Verbos. 7.7. Advérbios. 7.8. Preposição. 7.9. Conjunção. 7.10. Interjeição. 7.11. Emprego de tempos e modos verbais. Referências bibliográficas

5. SENTIDO PRÓPRIO E FIGURADO DAS PALAVRAS

Na obrigatoriedade de conhecer o vasto e intrincado universo da língua portuguesa, os candidatos a concursos públicos se veem diante do desafiador objetivo de dominar suas sutilezas e complexidades, tornando o domínio dessa língua um componente fundamental para o êxito. Este livro, meticulosamente desenvolvido com a singular trajetória de aprendizado de cada leitor em mente, traz uma experiência aprofundada por métodos didáticos inovadores. Abrangendo desde a morfologia até a sintaxe, sem deixar de lado a interpretação de textos e as frequentes armadilhas da ortografia, este material se desenrola através de explanações precisas, conselhos pragmáticos e uma seleção estratégica de exercícios.

Visa-se, com isso, equipar o candidato não somente com a habilidade de abordar questões de português com segurança e exatidão, mas também fomentar um entendimento profundo e persistente da língua que nos conecta, assegurando uma performance notável em quaisquer provas de concurso público.

Posto isto, temos que as palavras não apenas carregam significados literais, mas também se desdobram em complexidades sutis demonstradas em dois domínios distintos: o sentido próprio e o figurado, respectivamente conhecidos por denotação e conotação. O sentido próprio representa a faceta mais tangível das palavras, revelando seu significado literal, objetivo e denotativo. É a interpretação direta, ancorada na definição primária de um termo, como quando descrevemos a temperatura da água como "gelada". Este sentido oferece uma base sólida para a comunicação, sendo a primeira camada de compreensão em qualquer interação verbal ou escrita.

Diz-se que ocorre denotação sempre que uma palavra (expressão ou frase) está em seu sentido principal, convencional, dicionarizado.

Diz-se que ocorre conotação sempre que, em um contexto, uma palavra (expressão ou frase) está em sentido figurado, diferente do usual.[1]

Em outra senda, o sentido figurado transcende o literal, mergulhando nas águas profundas das metáforas, metonímias e outras figuras de linguagem. É um reino onde as palavras adquirem significados simbólicos, extrapolando suas definições

1. MELO. Mesquita, R. (2009). **Gramática da Língua Portuguesa** (p. 661). São Paulo: Saraiva.

convencionais para transmitir mensagens subjetivas e abstratas. Quando dizemos que "seu coração é uma pedra", estamos nos valendo da metáfora para expressar a falta de sensibilidade de alguém, usando a imagem da pedra como símbolo de insensibilidade emocional. O sentido figurado enriquece a comunicação, permitindo uma expressão mais colorida, metafórica e persuasiva.

Essa possibilidade de duplo sentido das palavras não só molda a maneira como nos comunicamos, mas também desempenha um papel vital na interpretação textual. Entender a diferença entre esses sentidos é essencial para decifrar mensagens mais elaboradas, especialmente em textos literários ou discursos onde o uso do figurado é frequente. Ademais, essa distinção influencia diretamente a forma como nos expressamos em nosso cotidiano, seja na troca casual de ideias ou na criação de obras literárias e artísticas.

Estudar o sentido próprio e figurado das palavras é adentrar nas camadas profundas da linguagem, desvendando a riqueza e a versatilidade das expressões humanas. A compreensão de tais sentidos não apenas enriquece nossa comunicação, mas também nos instiga a uma apreciação mais profunda da diversidade e da amplitude da linguagem, permitindo-nos explorar o potencial infinito das palavras para transmitir emoções, pensamentos e conceitos complexos.

Temos que o sentido próprio é a faceta mais objetiva e literal das palavras, representando seu significado direto e concreto. É a interpretação primária, ancorada na definição literal de um termo, como quando nos referimos à cor do céu como "azul" ou à forma de um objeto como "redonda". Este sentido oferece uma base sólida e inequívoca para a comunicação, sendo a camada inicial de compreensão em qualquer interação linguística.

Por outro lado, o sentido figurado transcende a literalidade, lançando mão de figuras de linguagem para conferir um significado além do literal. É um território onde as palavras adquirem conotações simbólicas e metafóricas, ultrapassando suas definições primárias para transmitir mensagens mais abstratas e subjetivas. Quando usamos expressões como "dormir como uma pedra" para descrever um sono profundo e ininterrupto, estamos empregando uma comparação figurativa, usando a pedra como símbolo de sono profundo, sem despertar para estímulos externos. O sentido figurado enriquece a linguagem, permitindo uma expressão mais vívida, evocativa e persuasiva, extrapolando os limites da interpretação literal.

A fim de exemplificar melhor o contexto dos sentidos em concursos públicos, apresentam-se as seguintes questões de concursos, com suas respectivas alternativas, respostas identificadas como corretas e comentários sobre suas resoluções.

Questão de concurso:

(VUNESP - INV POL (PC SP) /PC SP/2018). Assunto: Denotação e Conotação Leia o texto para responder à questão.

Nos EUA, a psicanálise lembra um pouco certas seitas – as ideias do fundador são institucionalizadas e defendidas por discípulos ferrenhos, mas suas instituições parecem não responder às necessidades atuais da sociedade. Talvez porque o autor das ideias não esteja mais aqui para atualizá-las.

Freud era um neurologista, e queria encontrar na Biologia as bases do comportamento. Como a tecnologia de então não lhe permitia avançar, passou a elaborar uma teoria, criando a psicanálise.

Cientista que era, contudo, nunca se apaixonou por suas ideias, revisando sua obra ao longo da vida. Ele chegou a afirmar: "A Biologia é realmente um campo de possibilidades ilimitadas do qual podemos esperar as elucidações mais surpreendentes. Portanto, não podemos imaginar que respostas ela dará, em poucos decêndios, aos problemas que formulamos. Talvez essas respostas venham a ser tais que farão o edifício de nossas hipóteses colapsar". Provavelmente, é sua frase menos citada. Por razões óbvias. (Galileu, novembro de 2017. Adaptado)

Assinale a alternativa em que há termo ou expressão empregada em sentido figurado.

a) Freud era um neurologista, e queria encontrar na Biologia as bases do comportamento.
b) Talvez porque o autor das ideias não esteja mais aqui para atualizá-las.
c) Talvez essas respostas venham a ser tais que farão o edifício de nossas hipóteses colapsar.
d) Como a tecnologia de então não lhe permitia avançar, passou a elaborar uma teoria...
e) Provavelmente, é sua frase menos citada. Por razões óbvias."[2]

A questão solicita a identificação do contexto em que a palavra é utilizada em sentido figurado. Vamos analisar:

A) Todas as palavras foram usadas de forma literal. "Neurologista" se refere à profissão de Freud e "bases do comportamento" refere-se aos fundamentos do comportamento humano.

B) A frase "autor das ideias" faz referência a Freud. Não há uso de sentido figurado, apenas um tom irônico.

C) A expressão "farão o edifício de nossas hipóteses colapsar" sugere que novas descobertas científicas revelarão que ideias anteriormente aceitas estavam erradas. **Aqui, há um claro uso de sentido figurado.**

D) A frase sugere que a tecnologia disponível na época de Freud não era avançada o suficiente para permitir seu progresso

2. Esta questão faz parte do concurso público para Investigador de Polícia Civil de São Paulo (PC SP) realizado pela VUNESP em 2018, com foco no assunto de Denotação e Conotação.

em pesquisa científica, levando-o a desenvolver a psicanálise. Não há uso de sentido figurado.

E) Esse trecho faz referência a uma citação anterior de Freud mencionada no texto. Não há uso de sentido figurado.

Desta maneira, a resposta correta será a letra C.

A compreensão do sentido próprio e figurado das palavras não apenas fundamenta nossa capacidade de nos expressarmos de maneira clara e objetiva, mas também é fundamental para a interpretação de textos, ajudando-nos a decifrar mensagens diretas e factuais em qualquer contexto linguístico. É a base sobre a qual construímos nossa comunicação, oferecendo um alicerce sólido para a complexidade e a riqueza da linguagem.

Observe o texto, caro leitor:

"No auge do verão, o sol brilhava intensamente no céu azul. O calor era palpável, fazendo com que as pessoas buscassem sombras frescas para se abrigarem. À beira do rio, a água fluía cristalina, refletindo os raios solares. As árvores verdes balançavam suavemente ao sabor da brisa leve. As flores coloridas exalavam seus aromas doces, atraindo abelhas e borboletas. O canto dos pássaros preenchia o ar, criando uma sinfonia natural de sons melodiosos. Enquanto isso, as crianças brincavam alegremente na grama macia, desfrutando do calor e das férias de verão".

Neste texto, as palavras como "sol", "céu", "água", "árvores", "flores", "abelhas", "borboletas", "pássaros" e "crianças" são exemplos de termos empregados com sentido próprio. Cada uma dessas palavras descreve elementos concretos e tangíveis, transmitindo informações factuais e literais sobre elementos do ambiente natural e da cena descrita. Esses termos não buscam além do seu significado objetivo, fornecendo uma representação clara e direta dos elementos presentes na cena de verão.

Podemos encontrar exemplos de emprego dos sentidos denotativos e conotativos em grandes obras literárias brasileiras, vejamos:

Estava a espreitar-me, como se quisesse ler-me na cara a resposta. Pareceu-me que adivinhava o que se passava em mim, e, para disfarçar, fiz-lhe muitas perguntas sobre a viagem de Camilo e sobre a vida de casado. Capitu respondeu-me a tudo com os olhos. Não me disse nada; os olhos é que me falaram, mas não me souberam dizer as últimas palavras que eu precisava de ouvir.[3]

No trecho citado, Machado de Assis apresenta o sentido próprio ao descrever a ação de "espreitar-me" e "ler-me na cara", que são ações literais e concretas. Já o sentido figurado é evidenciado quando Bentinho menciona que "os olhos é que me falaram", indicando uma comunicação não literal, mas sim simbólica, representando a intensidade da expressão de Capitu através do olhar.

Essa dualidade entre o sentido próprio e figurado contribui para a riqueza da escrita de Machado de Assis ao explorar as nuances da linguagem e das emoções dos personagens.

Outra citação literária que apresenta os sentidos mencionados pode ser observada em:

O sol despontava no horizonte, espalhando seus raios dourados sobre as colinas verdejantes. Enquanto os pássaros cantavam alegremente, os agricultores começavam seus trabalhos nos campos, preparando a terra para receber as sementes. Sob o calor escaldante do meio-dia, as folhas das árvores tremiam suavemente ao sabor da brisa, e as flores desabrochavam em cores vibrantes. Mas, por trás dessa aparente tranquilidade, uma tempestade se formava no coração dos homens, alimentada pelo ódio e pela ganância.[4]

No texto acima, o sentido próprio refere-se ao significado literal das palavras, ou seja, quando estas são utilizadas com o seu

3. MACHADO DE ASSIS. **Dom Casmurro**. Editora Martin Claret, 2002.

4. GARCÍA MÁRQUEZ, Gabriel. **Cem Anos de Solidão**. Editora Record, 1967.

significado real e direto. No texto fornecido, exemplos do sentido próprio incluem:

"O sol despontava no horizonte": Aqui, o sol está realmente nascendo no horizonte, o que descreve uma cena da natureza de forma literal.

"Os pássaros cantavam alegremente": Os pássaros estão literalmente cantando, transmitindo uma imagem realista de uma cena comum na natureza.

O sentido figurado, por outro lado, ocorre quando as palavras são usadas de maneira não literal, geralmente para transmitir uma ideia ou conceito de forma mais simbólica ou metafórica. No texto fornecido, um exemplo do sentido figurado é:

"Mas, por trás dessa aparente tranquilidade, uma tempestade se formava no coração dos homens, alimentada pelo ódio e pela ganância": Aqui, a "tempestade" é usada de forma figurada para representar conflitos emocionais e sociais, como ódio e ganância, que estão crescendo dentro das pessoas. Não se trata literalmente de uma tempestade meteorológica, mas sim de um estado de tumulto ou agitação interna.

Concluímos então que nos textos literários, os sentidos próprios oferecem a base sólida da narrativa, fornecendo descrições precisas e objetivas que estabelecem o cenário e os detalhes tangíveis da história. São os alicerces sobre os quais se constroem personagens, lugares e eventos, conferindo autenticidade e clareza à trama.

Por outro lado, os sentidos figurados transformam esses textos em obras de arte, elevando a linguagem a um nível mais poético e evocativo. As metáforas, metonímias e outras figuras de linguagem usadas nos sentidos figurados expandem a imaginação do leitor, criando imagens vívidas e simbólicas que transcendem o literal. Ao empregar comparações e símbolos, os escritores podem transmitir emoções complexas, conceitos abstratos e nuances sutis que vão além do que as palavras propriamente ditas podem expressar.

Além disso, a compreensão e o uso consciente desses sentidos são essenciais para a interpretação precisa de textos, discursos e interações interpessoais. São ferramentas poderosas na arte da interpretação, permitindo-nos decifrar mensagens mais elaboradas, reconhecer nuances nas comunicações e compreender contextos mais amplos além do que é explicitamente dito.

Portanto, a importância dos sentidos próprios e figurados está na sua complementaridade. Juntos, eles oferecem uma gama completa de possibilidades de expressão e interpretação, enriquecendo nossa comunicação e compreensão do mundo ao nosso redor. Dominar essa dualidade é fundamental para uma comunicação eficaz, para a construção de relacionamentos empáticos e para a apreciação plena da diversidade e complexidade da linguagem humana. Esses sentidos não apenas informam nossas palavras, mas também moldam nossa compreensão e vivência do mundo.

6. PONTUAÇÃO

Como ferramenta fundamental na língua portuguesa encontra-se a pontuação, pois com ela podemos organizar, estruturar e transmitir informações de forma clara e precisa. Os sinais de pontuação, como vírgulas, pontos finais, pontos de exclamação e interrogação, entre outros, desempenham papéis específicos na organização sintática e semântica dos textos. Eles são responsáveis por indicar pausas, entonação, ênfase, questionamentos, emoções e até mesmo nuances sutis no discurso escrito, tornando a comunicação mais eficaz e compreensível.

O emprego correto da pontuação não apenas afeta a estrutura gramatical, mas também influencia diretamente a interpretação e o significado das frases.

Os sinais de pontuação são recursos gráficos próprios da linguagem escrita. Embora não consigam reproduzir toda a riqueza melódica da linguagem oral, eles estruturam os textos e procuram estabelecer as pausas e as entonações da fala.[5]

A pontuação desempenha múltiplos papéis na língua portuguesa, além de organizar frases e indicar pausas, os diferentes sinais de pontuação têm funções específicas que influenciam a interpretação do texto. Por exemplo, o ponto final (.) é usado para encerrar uma frase declarativa, enquanto o ponto de interrogação (?) indica uma pergunta e o ponto de exclamação (!) expressa emoções fortes, enfatizando uma ideia ou sentimento.

A vírgula (,) é um dos sinais mais versáteis, podendo separar elementos em uma lista, delimitar orações subordinadas, indicar pausas e até mesmo alterar o sentido de uma frase.

De todos os sinais de pontuação, a vírgula é o mais difícil e controverso. É que a vírgula se reveste de alta subjetividade. Cada pessoa usa de modo diferente: uns mais, outros menos. Vírgulas de mais atravancam o texto, vírgulas de menos podem levar uma leitura incorreta ou ambígua (Piacentini, 2021, p.9)[6].

Os dois-pontos (:) são empregados para introduzir explicações, citações, exemplos ou listas, enquanto o ponto e vírgula marca uma pausa mais longa que a vírgula, mas mais curta que o ponto final. Já as reticências (...) sinalizam suspensão, interrupção ou continuidade, enquanto o travessão (—) pode destacar informações, introduzir diálogos ou criar ênfase em uma parte específica do texto. Os parênteses ( ) são utilizados para inserir

5. MELO, Mesquita. R. (2009). **Gramática da Língua Portuguesa** (p. 549). São Paulo: Saraiva.

6. PIACENTINI, Maria Tereza de Queiroz. **SÓ VIRGULA Método fácil em vinte lições**. 3ª ed. EdUFCar. São Carlos, 2021.

informações adicionais, e os colchetes [ ] são empregados para fazer acréscimos ou correções em citações ou textos.

O uso correto desses sinais de pontuação é essencial para evitar ambiguidades, garantir a coerência textual e transmitir a mensagem desejada de forma clara e precisa. O conhecimento e uso adequado desses sinais não apenas contribuem para a compreensão do texto, mas também refletem habilidade linguística e cuidado na comunicação escrita.

Além das funções básicas, cada sinal de pontuação na língua portuguesa tem nuances e usos específicos que podem influenciar a interpretação do texto. Por exemplo, o ponto e vírgula é útil para separar itens de uma lista quando esses itens já contêm vírgulas internas, facilitando a compreensão. Já as aspas são empregadas para indicar citações, destacar palavras estrangeiras, expressar ironia ou sinalizar que determinada palavra é usada de forma não literal.

As regras de pontuação também variam em diferentes contextos, como na escrita formal, nos diálogos, em textos literários, em documentos acadêmicos ou científicos, entre outros. Em diálogos, por exemplo, a pontuação é essencial para indicar mudanças de falas entre personagens, tornando a leitura mais fluída e compreensível.

Além disso, a pontuação também desempenha um papel fundamental na interpretação de textos literários, contribuindo para a atmosfera, o ritmo, a entonação e a ênfase de certas passagens. A maneira como os sinais de pontuação é utilizada por escritores pode criar expectativas, gerar tensão, transmitir sentimentos e moldar a experiência do leitor.

Em resumo, os sinais de pontuação na língua portuguesa não são apenas elementos gramaticais, mas ferramentas poderosas que influenciam significativamente a forma como o texto é interpretado, a clareza da comunicação e a expressividade da escrita. Seu uso adequado e consciente é essencial para uma comunicação eficaz e uma compreensão precisa da mensagem transmitida.

A pontuação também desempenha um papel crucial na estruturação e na organização de ideias dentro de um texto. Ela não apenas ajuda na clareza da comunicação, mas também na coesão e coerência do conteúdo escrito. Por exemplo, a utilização adequada dos sinais de pontuação é essencial para evitar ambiguidades, garantir a sequência lógica das ideias e facilitar a compreensão do leitor.

Além disso, a pontuação pode ser empregada estrategicamente para criar ritmo, pausas e ênfases em um texto. O uso de vírgulas para indicar pausas sutis ou de pontos de exclamação para destacar emoções intensas pode influenciar o tom e a entonação do texto, impactando diretamente a experiência do leitor durante a leitura.

Nos ambientes acadêmicos e profissionais, a correta aplicação da pontuação é fundamental para transmitir credibilidade e competência na escrita. Textos bem pontuados demonstram habilidade linguística, organização e cuidado com a apresentação das ideias.

Em suma, a pontuação na língua portuguesa vai além das regras gramaticais; ela é uma ferramenta poderosa que influencia a interpretação, a coesão e a expressividade do texto. Seu uso adequado é essencial para uma comunicação eficaz e para transmitir informações de maneira clara, coerente e impactante.

Apresenta-se a seguir, questões de concursos sobre o correto uso de pontuação:

Questão de concurso:

(VUNESP - DELEG (PC BA) /PC BA/2018). Assunto: Pontuação (ponto, vírgula, travessão, aspas, parênteses etc.)

Vamos partir de uma situação que grande parte de nós já vivenciou. Estamos saindo do cinema, depois de termos visto uma adaptação de um livro do qual gostamos muito. Na verdade, até que gostamos do filme também: o sentido foi mantido, a escolha do elenco foi adequada, e a trilha sonora reforçou a camada afetiva da narrativa. Por que então sentimos que algo está fora do lugar?

Que está faltando alguma coisa?

O que sempre falta em um filme sou eu. Parto dessa ideia simples e poderosa, sugerida pelo teórico Wolfgang Iser em um de seus livros, para afirmar que nunca precisamos tanto ler ficção e poesia quanto hoje, porque nunca precisamos tanto de faíscas que ponham em movimento o mecanismo livre da nossa imaginação. Nenhuma forma de arte ou objeto cultural guarda a potência escondida por aquele monte de palavras impressas na página. Essa potência vem, entre outros aspectos, do tanto que a literatura exige de nós, leitores. Não falo do esforço de compreender um texto, nem da atenção que as histórias e os poemas exigem de nós embora sejam incontornáveis também. Penso no tanto que precisamos investir de nós, como sujeitos afetivos e como corpos sensíveis, para que as palavras se tornem um mundo no qual penetramos.

Somos bombardeados todo dia, o dia inteiro, por informações. Estamos saturados de dados e de interpretações. A literatura para além do prazer intelectual, inegável - oferece algo diferente. Trata-se de uma energia que o teórico Hans Ulrich Gumbrecht chama de "presença" e que remete a um contato com o mundo que afeta o corpo do indivíduo para além e para aquém do pensamento racional.

Muitos eventos produzem presença, é claro: jogos e exercícios esportivos, shows de música, encontros com amigos, cerimônias religiosas e relações amorosas e sexuais são exemplos óbvios.

Por que, então, defender uma prática eminentemente intelectual, como a experiência literária, com o objetivo de "produzir presença", isto é, de despertar sensações corpóreas e afetos? A resposta está, como já evoquei mais acima, na potência guardada pela ficção e pela poesia para disparar a imaginação. Mas o que é, afinal, a imaginação, essa noção tão corriqueira e sobre a qual refletimos tão pouco?

Proponho pensar a imaginação como um espaço de liberdade ilimitada, no qual, a partir de estímulos do mundo exterior, somos confrontados (mas também despertados) a responder com memórias, sentimentos, crenças e conhecimentos para forjar, em última instância, aquilo que faz de cada um de nós diferente dos demais. A leitura de textos literários é uma forma privilegiada de disparar esse mecanismo imenso, porque demanda de nós todas essas reações de modo ininterrupto, exige que nosso corpo esteja ele próprio presente no espaço ficcional com que nos deparamos, sob pena de não existir espaço ficcional algum. (Ligia G. Diniz. https://brasil.elpais.com. 22.02.2018. Adaptado)

Considerando as regras de pontuação de acordo com a norma-padrão, assinale a alternativa em que um trecho do texto está corretamente reescrito.

a) Essa potência vem – entre outros aspectos – do tanto que a literatura exige, de nós leitores.

b) Não falo do esforço de compreender um texto nem da atenção, que as histórias e os poemas, exigem de nós. Embora sejam incontornáveis, também.

c) A literatura para além do prazer intelectual (inegável); oferece algo diferente.

d) A resposta está (como já evoquei mais acima) na potência guardada pela ficção, e pela poesia, para disparar a imaginação.

e) Mas afinal o que é, a imaginação? Essa noção tão corriqueira, e sobre a qual refletimos, tão pouco?"[7]

---

7. VUNESP. Delegado de Polícia Civil - PC BA - 2018. São Paulo: VUNESP, 2018.

Na questão em destaque podemos comentar:

A) A observação feita sobre a vírgula após "exige" é válida, pois a regra gramatical determina que não se deve separar o verbo de seu complemento com vírgula.

B) A retirada da vírgula após "poemas" é justificada, uma vez que não se separa o sujeito "as histórias e os poemas" do verbo "exigem".

C) O argumento apresentado na alternativa anterior é reiterado aqui, ressaltando que o ponto e vírgula deve ser suprimido para manter a concordância com as normas gramaticais.

D) A explicação sobre o uso da vírgula antes do "E" está correta, destacando diversas situações em que a vírgula pode ser empregada antes da conjunção coordenativa aditiva.

E) A sugestão de retirar a vírgula após a forma verbal "é" é adequada, uma vez que os termos estão na ordem direta e não há necessidade de separá-los com uma vírgula.

Outra questão de concurso público que podemos mencionar aduz:

(VUNESP - INV POL (PC SP) /PC SP/2018). Assunto: Pontuação (ponto, vírgula, travessão, aspas, parênteses etc.)

Assinale a alternativa correta quanto à pontuação.

a) O investimento em redução da evasão escolar e as políticas voltadas para os jovens, de fato, são importantes.

b) Fique claro que, tal correção de rumo, não corresponde à complacência, como se pode pensar.

c) O jornal há anos, vem mantendo posição, de reservar o cárcere para autores de crimes violentos.

d) O Brasil está abrigando atrás de EUA e China, a terceira maior população carcerária do mundo.

e) A certeza da punição, é o principal fator de dissuasão, e não, o rigor ou o tamanho da pena."[8]

Para uma resposta mais completa à questão, é importante fornecer alguns comentários:

A) **CORRETO**: expressão ratificativa intercalada. Neste caso, o uso da vírgula é justificado como uma maneira de destacar elementos intercalados, como uma expressão explicativa. Essas expressões, tais como "isto é", "a saber", "por exemplo", "ou melhor", "ou antes", entre outras, são comumente utilizadas para esclarecer ou reforçar o significado de uma frase. A vírgula aqui funciona como um sinal de pontuação que indica uma pausa na leitura e destaca essa explicação adicional, fornecendo uma melhor compreensão do conteúdo.

B) Errado: separa sujeito do verbo. Neste caso, a observação de que a vírgula está incorretamente separando o sujeito do verbo está correta. Conforme as regras gramaticais, não é apropriado utilizar vírgula para separar o sujeito do verbo, pois isso pode prejudicar a concordância e a clareza da frase.

C) Errado: separa sujeito do verbo. Da mesma forma que na questão anterior, a explicação correta aponta para o erro de separação indevida do sujeito do verbo por meio de uma vírgula. Manter a concordância entre o sujeito e o verbo é fundamental para a correta construção de uma frase em língua portuguesa.

D) Errado: separa verbo do complemento. Neste caso, a observação de que a vírgula está separando indevidamente o verbo do complemento está correta. A vírgula não deve ser usada para separar o verbo de seu complemento direto ou indireto, pois isso pode causar confusão na interpretação da frase.

8. VUNESP. Concurso Público para Investigador de Polícia (PC SP). São Paulo: Polícia Civil do Estado de São Paulo, 2018.

E) Errado: separa sujeito do verbo. Mais uma vez, a análise correta indica que a vírgula está sendo utilizada de forma inadequada para separar o sujeito do verbo. Este é um erro comum que pode comprometer a clareza e a gramaticalidade da frase.

Para ilustrar de maneira mais eficaz o impacto significativo que a pontuação pode ter na alteração do sentido de uma frase, vamos considerar os seguintes exemplos:

Uso do ponto final:

"Ele ama cozinhar a família e os amigos."

"Ele ama cozinhar, a família e os amigos."

Nesse caso, a posição do ponto final muda completamente o sentido da frase. Na primeira frase, dá a entender que a pessoa gosta de cozinhar para a família e amigos. Já na segunda, ele gosta de cozinhar, mas a menção à família e amigos não está relacionada diretamente à ação de cozinhar.

Ponto de interrogação:

"Você está falando sério."

"Você está falando sério?"

A adição do ponto de interrogação muda o tom da frase. Na primeira sentença, é uma afirmação simples. Na segunda, a entonação sugere surpresa ou dúvida sobre o que está sendo dito.

Uso da vírgula:

"Vamos comer crianças!"

"Vamos comer, crianças!"

Uma vírgula pode salvar vidas! Na primeira frase, parece-se com um convite para comer crianças. Na segunda, trata-se de um convite para que as crianças se juntem para comer.

Reticências:

"Eu não sei..."

"Eu não sei!"

As reticências podem indicar indecisão, incerteza ou um pensamento inconclusivo. Na primeira frase, há uma expectativa de continuação, enquanto na segunda é uma afirmação mais enfática.

Estes exemplos evidenciam de forma clara como a pontuação pode provocar uma mudança drástica na interpretação de uma frase, destacando, assim, sua importância fundamental na garantia da clareza e do sentido do texto.

Em contextos de concursos públicos, a habilidade de dominar a pontuação na língua portuguesa torna-se crucial, uma vez que a avaliação frequentemente aborda questões específicas sobre o uso correto dos sinais de pontuação.

Nas provas de concursos há grande número de questões que visam testar o entendimento das regras de pontuação, a identificação de erros pontuais em frases, a aplicação apropriada dos sinais de pontuação em diferentes contextos, e até mesmo a compreensão de textos com base na pontuação utilizada.

Portanto, para alcançar sucesso em concursos públicos, torna-se essencial estar familiarizado com as normas de pontuação, compreendendo o uso adequado de vírgulas, pontos finais, pontos de exclamação, pontos de interrogação, dois-pontos, entre outros.

Além disso, é fundamental praticar a interpretação de textos, considerando como a pontuação influencia na compreensão e na intenção do autor.

7. CLASSES DE PALAVRAS: SUBSTANTIVO, ADJETIVO, NUMERAL, ARTIGO, PRONOME, VERBO, ADVÉRBIO, PREPOSIÇÃO E CONJUNÇÃO, INTERJEIÇÃO, EMPREGO E SENTIDO QUE IMPRIMEM ÀS RELAÇÕES QUE SE ESTABELECEM

As classes de palavras constituem os alicerces sobre os quais a língua se constrói, desempenhando papéis específicos e cruciais na formação de frases e no desenvolvimento de textos. Cada classe é dotada de características únicas que contribuem para a riqueza e a complexidade da comunicação humana. Entender essas categorias é fundamental para a compreensão e o uso efetivo da linguagem, seja na fala cotidiana ou na escrita mais elaborada.

Substantivos, adjetivos, verbos e advérbios formam o núcleo em torno do qual as frases são estruturadas, oferecendo nomes a seres e objetos, qualificando-os, indicando ações ou estados e modificando ou detalhando essas ações e qualidades. Essas classes trabalham em conjunto para criar significado e adicionar profundidade à comunicação, permitindo que expressões simples se expandam em descrições detalhadas ou narrativas complexas.

Além dessas categorias centrais, as preposições, conjunções e pronomes desempenham funções vitais na ligação de palavras e orações, contribuindo para a coesão e a coerência dos textos. As preposições estabelecem relações espaciais, temporais ou lógicas entre elementos, enquanto as conjunções unem frases ou palavras, coordenando-as ou subordinando-as de maneira a refletir a lógica interna do discurso. Os pronomes, substituindo substantivos, evitam repetições desnecessárias, tornando o texto mais fluido e agradável de ler.

Os artigos e numerais, embora possam parecer menos proeminentes, desempenham papéis fundamentais na especificação e na quantificação de substantivos, contribuindo para a precisão e clareza da expressão. Os artigos definem a natureza definida ou indefinida dos substantivos que acompanham, enquanto os numerais fornecem informações sobre quantidade, ordem, fração ou multiplicação, elementos essenciais em diversos contextos comunicativos.

Por fim, as interjeições, embora utilizadas com menos frequência que as outras classes de palavras, oferecem um meio de expressar emoções ou reações de forma imediata e intensa, enriquecendo a linguagem com nuances de sentimento e tonalidade. A compreensão e o domínio dessas classes de palavras equipam os falantes e escritores com as ferramentas necessárias para explorar toda a extensão e beleza da língua, permitindo uma comunicação eficaz e expressiva.

Nas seções seguintes, dedicaremos um olhar detalhado a cada classe de palavra, explorando suas características distintas, funções na estrutura da língua e o papel vital que desempenham na comunicação. Para cada categoria gramatical – substantivos, adjetivos, verbos, advérbios, preposições, conjunções, pronomes, artigos, numerais e interjeições – será oferecida uma análise individual, acompanhada de exemplos claros e elucidativos. Essa abordagem passo a passo visa não apenas aprofundar o entendimento desses elementos fundamentais da linguagem, mas também ilustrar como eles se combinam para criar significado e expressividade nos mais variados contextos comunicativos.

CLASSES DE PALAVRAS	DEFINIÇÃO
SUBSTANTIVO	"Substantivo é a palavra com que nomeamos os seres em geral, e as qualidades, ações, ou estados [...]" (ROCHA LIMA, 2012, p. 110).
ARTIGO	"O artigo é uma partícula que precede o substantivo, assim à maneira de 'marca' dessa classe gramatical" (ROCHA LIMA, 2012, p. 139).
ADJETIVO	"Adjetivo é a palavra que restringe a significação ampla e geral do substantivo" (ROCHA LIMA, 2012, p. 141).
NUMERAL	"Numerais são palavras que designam os números, ou a ordem de sua sucessão: *três, dezessete, terceiro, vigésimo*" (ROCHA LIMA, 2012, p. 153, grifo do autor).
PRONOME	"Pronome é a palavra que denota o ente ou a ele se refere, considerando-o apenas como pessoa do discurso" (ROCHA LIMA, 2012, p. 156).
VERBO	"O verbo expressa um fato, um acontecimento: o que se passa com os seres, ou em torno dos seres" (ROCHA LIMA, 2012, p. 168).
ADVÉRBIO	"Advérbios são palavras modificadoras do verbo" (ROCHA LIMA, 2012, p. 226).
PREPOSIÇAO	"Preposições são palavras que subordinam um termo da frase a outro" (ROCHA LIMA, 2012, p. 231).
CONJUNÇAO	"Conjunções são palavras que relacionam entre si: a) Dois elementos da mesma natureza / b) Duas orações de natureza diversa" (ROCHA LIMA, 2012, p. 234).
INTERJEIÇAO	"Interjeição é a palavra que exprime *emoção*." (ROCHA LIMA, 2012, p. 240, grifo do autor).

Fonte: Rocha Lima (2012, p. 110, 139, 141, 153, 156, 168, 226, 231, 234, 240).

7.1. Substantivos

Substantivos são palavras que nomeiam seres, lugares, sentimentos, ideias, objetos, entre outros elementos, constituindo uma das classes de palavras mais fundamentais na construção de frases e textos. Eles são essenciais para a comunicação, pois permitem que identifiquemos e nomeemos praticamente tudo ao nosso redor.

Substantivo é a palavra que:

- Quanto ao conteúdo: nomeia seres, ações, qualidades, sensações, sentimentos etc.;

- Quanto à forma: é variável;

- Quanto à sintaxe: é o núcleo das principais funções sintáticas, como sujeito e objeto.[9]

Os substantivos podem ser classificados em diferentes categorias, cada uma com suas características e exemplos específicos.

Essa diversidade de tipos de substantivos enriquece a língua, permitindo-nos expressar com precisão e riqueza desde conceitos abstratos até elementos concretos do nosso cotidiano. A capacidade de identificar e utilizar corretamente os diferentes tipos de substantivos é fundamental para o domínio da língua portuguesa, contribuindo para a clareza e a precisão na comunicação.

Questão de concurso:

(VUNESP - ENFJ (TJ SP) /TJ SP/2019). Assunto: Substantivo

Saúde não é brinquedo político, diz diretor da OMS "A saúde não é um brinquedo político, ela deve ser usada para promover o bem-estar e a qualidade de vida. E isso só vai acontecer quando

9. Melo Mesquita, R. (2009). **Gramática da Língua Portuguesa** (p. 188). São Paulo: Saraiva.

nos comprometermos a fazer da atenção primária à saúde a base da assistência universal."

A afirmação é do diretor-geral da Organização Mundial de Saúde (OMS), Tedros Adhanom Ghebreyesus, durante a assinatura nesta quinta (25/10/2018) de um acordo internacional em Astana, capital do Cazaquistão, em que 194 países membros da OMS, incluindo o Brasil, comprometeram-se a fortalecer a atenção primária. Chamado de "Declaração de Astana", o acordo também comemora o 40º aniversário da histórica Declaração de Alma Alta, que exortou o mundo a fazer dos cuidados primários de saúde o pilar da cobertura universal de saúde em 1978. Ocorre que, embora nos últimos 40 anos a expectativa de vida tenha aumentado e a mortalidade infantil, caído pela metade, por exemplo, o progresso em saúde tem sido desigual e injusto entre países e dentro dos países.

"Devemos reconhecer que não alcançamos esse objetivo [saúde para todos]. Em vez de saúde para todos, conseguimos saúde para alguns. Temos ficado muito focados em combater doenças específicas, muito focados no tratamento, em detrimento da prevenção de doenças" (D), disse Ghebreyesus.

Quase metade da população mundial não tem acesso (A) a serviços essenciais de saúde e, segundo a OMS, 100 milhões de pessoas são empurradas para a pobreza a cada ano por causa de gastos catastróficos em saúde. A atenção primária à saúde pode fornecer de 80% a 90% das necessidades de saúde de uma pessoa durante sua vida.

A Declaração de Astana aponta a necessidade de uma ação multissetorial que inclua tecnologia, conhecimento científico e tradicional, juntamente com profissionais de saúde bem treinados e remunerados, e participação das pessoas e da comunidade para que seja alcançada a tão sonhada saúde para todos com qualidade. (Cláudia Collucci, Saúde não é brinquedo político, diz diretor da OMS. Em: Folha de S. Paulo, 25.10.2018. Adaptado)

Assinale a alternativa que traz, respectivamente, um substantivo cujo plural se faz a exemplo de "bem-estar" (termo presente no 1o primeiro parágrafo); e outro substantivo, destacado em expressão do texto, com sentido de coletivo.

a) Alto-falante / "Quase metade da população mundial não tem acesso..."

b) Saca-rolha / "... a base da assistência universal."

c) Bomba-relógio / "... o progresso em saúde tem sido desigual..."

d) Louva-a-deus / "... em detrimento da prevenção de doenças..."

e) Arco-íris / "... e participação das pessoas e da comunidade..."""[10]

Vamos proceder à análise das respostas, acrescentando comentários pertinentes para cada uma, visando esclarecer as regras gramaticais aplicáveis:

A) CORRETA: O termo "Bem-estar" incorpora um prefixo de natureza adverbial ("bem"), o qual permanece inalterado em número, resultando na pluralização exclusiva do segundo elemento, formando "bem-estares". A mesma lógica é aplicada ao composto "alto-falante", cujo plural correto é "alto-falantes", evidenciando uma uniformidade na regra de pluralização de compostos com prefixos.

B) ERRADA: Seguindo a regra mencionada anteriormente, o plural de "saca-rolha" torna-se "saca-rolhas". Este exemplo reforça a ideia de que, em compostos, frequentemente apenas o último elemento é flexionado para indicar o plural, especialmente quando o primeiro elemento funciona como um verbo.

10. VUNESP. Concurso Público para Escrevente Técnico Judiciário (ENFJ) do Tribunal de Justiça de São Paulo (TJ SP). São Paulo: TJ SP, 2019.

C) ERRADA: Quando o segundo substantivo serve para delimitar ou especificar o primeiro, sugerindo uma função ou semelhança, é comum que ambos os elementos possam variar. No entanto, em "bombas-relógio", o plural pode ser aplicado somente ao primeiro elemento, conforme observado em alguns casos e aceito em provas de concursos, embora a variação de ambos os termos ("bombas-relógios") também seja considerada correta.

D) ERRADA: A palavra "louva-a-deus" refere-se a um tipo de inseto e segue uma regra particular onde o plural é marcado pelo artigo ou determinante, resultando em "os louva-a-deus". Isso acontece porque "louva" é derivado de um verbo e, nesse contexto, não se flexiona, mantendo a forma do termo inalterada no plural.

E) ERRADA: "Arco-íris" é frequentemente classificado como um substantivo que apresenta a mesma forma tanto no singular quanto no plural, adotando a designação de substantivo de dois números. Assim, seu plural permanece "arco-íris", seguindo uma exceção à regra geral de formação do plural em compostos, que ressalta a peculiaridade e riqueza da língua.

Esses comentários visam aprofundar a compreensão das normas que regem a pluralização de palavras compostas no português, esclarecendo as particularidades de cada caso apresentado.

7.1.1. Substantivos comuns e próprios

Substantivos comuns são palavras que nomeiam seres de uma mesma espécie de forma genérica. Eles se referem a pessoas, lugares, objetos ou conceitos sem especificar nomes próprios ou individuais. Por exemplo, "cidade", "cachorro" e "livro" são substantivos comuns porque se referem a classes gerais de coisas, sem destacar uma entidade específica dentro dessas categorias. Os substantivos comuns ajudam a organizar o mundo ao nosso redor em categorias compreensíveis, facilitando a comunicação e o entendimento mútuo sobre o que estamos nos referindo.

Por outro lado, substantivos próprios são usados para nomear indivíduos, lugares, instituições ou eventos específicos, distinguindo-os de outros da mesma espécie ou classe. Eles são sempre escritos com a inicial maiúscula, independentemente de sua posição na frase, o que ajuda a identificá-los rapidamente como nomes próprios. Exemplos incluem "Maria", "Paris" e "Natal". O uso de substantivos próprios é crucial para dar precisão ao nosso discurso, permitindo que nos refiramos a entidades únicas no vasto mar de conceitos e categorias representados pelos substantivos comuns.

A distinção entre substantivos comuns e próprios é fundamental para a organização do pensamento e da linguagem. Enquanto os substantivos comuns agrupam o mundo em categorias gerais, facilitando a generalização e a categorização, os substantivos próprios permitem a individualização, destacando a singularidade de cada entidade. Essa dualidade reflete a capacidade humana de tanto categorizar o mundo quanto reconhecer sua diversidade infinita.

7.1.2. Substantivos concretos e abstratos

Substantivos concretos referem-se a seres que têm existência física, ou seja, que podem ser percebidos pelos sentidos. Eles nomeiam objetos, pessoas, animais e lugares que podemos ver, tocar, ouvir, cheirar ou saborear. Exemplos como "cadeira", "gato" e "montanha" ilustram essa categoria, pois todos representam entidades que possuem presença tangível no mundo real. Os substantivos concretos ancoram a linguagem na realidade física, fornecendo um ponto de referência sólido para a comunicação.

Substantivos abstratos, em contrapartida, nomeiam ideias, qualidades, estados ou conceitos que não possuem uma existência física palpável. Eles referem-se a aspectos da experiência humana que existem apenas na mente ou no âmbito das ideias, como "liberdade", "tristeza" e "beleza". Esses substantivos são cruciais para expressar pensamentos complexos, emoções e ideias abstratas, permitindo a comunicação de aspectos da realidade que não são imediatamente acessíveis através dos sentidos.

A distinção entre concretos e abstratos é vital para a expressão da amplitude da experiência humana. Enquanto os substantivos concretos nos ajudam a navegar e interagir com o mundo físico, os abstratos possibilitam a discussão de conceitos mais complexos e subjetivos. Juntos, eles enriquecem nossa capacidade de expressão, permitindo uma comunicação abrangente que contempla tanto o tangível quanto o intangível.

7.1.3. Substantivos simples e compostos

Substantivos simples são formados por apenas um elemento morfológico, não derivando de outras palavras dentro da língua. Eles representam a base da nomeação, servindo como os blocos fundamentais do vocabulário. Palavras como "sol", "flor" e "carro" exemplificam substantivos simples, pois cada uma delas consiste em uma única unidade semântica e morfológica. Eles são peças-chave na construção do léxico, fornecendo uma base sólida e clara para a nomeação de conceitos e objetos.

Substantivos compostos, por outro lado, são formados pela união de dois ou mais elementos, podendo ser palavras inteiras ou morfemas (partes menores de palavras que carregam significado). Exemplos incluem "guarda-chuva", "passatempo" e "couve-flor". Esses substantivos refletem a capacidade da linguagem de combinar conceitos existentes para criar novos nomes para objetos ou ideias que são percebidos como unidades únicas, mas que contêm em sua nomenclatura a referência a seus componentes originais.

A formação de substantivos compostos é um exemplo da dinamicidade e criatividade inerentes à linguagem, permitindo a expansão contínua do léxico para acomodar novos objetos, conceitos e fenômenos. Enquanto os substantivos simples servem como a fundação do vocabulário, os compostos demonstram como a linguagem se adapta e evolui, refletindo a constante inovação e mudança no mundo ao redor.

7.2. Adjetivos

Adjetivos são elementos linguísticos essenciais, dotados da capacidade de modificar, qualificar e especificar substantivos, acrescentando-lhes características que enriquecem significativamente a comunicação. Eles trazem cor, sabor, textura e vida às descrições, permitindo que os falantes e escritores transmitam nuances e detalhes precisos sobre pessoas, lugares, objetos e situações. Por exemplo, ao dizer "o céu está azul", o adjetivo "azul" não apenas informa sobre a cor do céu, mas também pode evocar sentimentos de calma ou tranquilidade.

Os adjetivos se classificam em diferentes tipos, conforme a natureza das características que expressam. Os adjetivos qualificativos, por exemplo, referem-se a qualidades ou estados dos seres, como "feliz", "triste", "grande" ou "pequeno". Eles oferecem uma gama ampla de informações sensoriais e emocionais, permitindo descrições que vão do tangível ao intangível, como em "noite silenciosa" ou "argumento convincente".

Já os adjetivos relacionais são utilizados para indicar uma relação de pertencimento ou origem, conectando o substantivo a um contexto ou conjunto mais amplo. Eles geralmente não variam em grau e são invariáveis, como "econômico", "urbano" ou "literário", como em "problemas econômicos" ou "paisagem urbana". Esses adjetivos ajudam a situar o substantivo dentro de um campo semântico específico, oferecendo um caminho para compreender sua função ou contexto.

Os adjetivos também podem ser classificados quanto ao seu grau: o positivo, o comparativo e o superlativo. O grau positivo é a forma básica do adjetivo, sem qualquer indicação de intensidade ou comparação, como "alto" ou "rápido". O grau comparativo, que pode ser de superioridade, igualdade ou inferioridade, serve para comparar duas ou mais entidades, usando formas como "mais alto que" ou "tão rápido quanto". O superlativo expressa a qualidade em seu grau máximo, seja de forma absoluta, usando o "muito" antes do adjetivo, como em "muito alto", seja de forma relativa, comparando o elemento com um grupo, como em "o mais rápido da equipe".

Outro aspecto relevante dos adjetivos é a sua flexibilidade para formar advérbios, especialmente quando tratamos dos adjetivos derivados. Muitos adjetivos podem ser transformados em advérbios com a adição de sufixos, como "-mente" em português, transformando "feliz" em "felizmente". Essa transformação permite que o adjetivo modifique não apenas substantivos, mas também verbos, adjetivos ou outros advérbios, ampliando consideravelmente sua aplicabilidade na construção de frases.

A concordância é outro princípio fundamental no uso de adjetivos. Eles devem concordar em gênero (masculino ou feminino) e número (singular ou plural) com o substantivo a que se referem, garantindo a coerência e a correção gramatical das frases. Esse aspecto da língua assegura que a mensagem transmitida seja clara e compreensível, mantendo a harmonia e o equilíbrio entre os elementos da frase.

Adjetivos compostos, formados pela união de duas ou mais palavras, também desempenham um papel interessante na língua. Eles oferecem descrições específicas e muitas vezes criativas, como "azul-claro" ou "amarelo-canário". Esses adjetivos são particularmente úteis para expressar conceitos complexos ou nuances de cor e característica de maneira concisa e eficaz.

A posição do adjetivo na frase também pode afetar o significado ou a ênfase dada à descrição. Em algumas línguas, como o português, os adjetivos podem aparecer antes ou depois do substantivo, com possíveis variações no efeito expressivo ou estilístico. A escolha da posição pode refletir intenções estilísticas do autor ou nuances de significado, como em "homem sábio" *versus* "sábio homem", onde a ênfase pode variar sutilmente.

Por fim, o estudo e a compreensão dos adjetivos são fundamentais para o desenvolvimento de habilidades de escrita e fala, pois eles adicionam profundidade, cor e precisão à comunicação. Seja em descrições literárias, seja na comunicação cotidiana, os adjetivos desempenham um papel insubstituível na expressão de ideias, emoções e percepções.

7.3. Numerais

Numerais são palavras que expressam quantidade ou posição, desempenhando um papel fundamental na estruturação de informações precisas em uma frase. Eles ajudam a quantificar objetos, pessoas, lugares e conceitos, além de estabelecer ordem ou sequência entre elementos. Os numerais podem ser classificados em várias categorias, cada uma com sua função específica na comunicação.

A primeira grande divisão dos numerais é entre cardinais e ordinais. Os numerais cardinais indicam quantidade pura e simples, sendo usados para contar. Por exemplo, "um", "dois" e "três" são numerais cardinais que dizem quantos objetos ou entidades estão presentes. Eles são frequentemente utilizados no cotidiano para expressar números de itens, pessoas, e em muitas outras situações que requerem a indicação de quantidades exatas.

Já os numerais ordinais expressam ordem ou posição numa sequência. Eles são empregados para indicar a posição de algo em relação aos demais, como em "primeiro", "segundo" e "terceiro". Essa categoria de numeral é comumente usada para classificar elementos em listas, ordenar acontecimentos históricos, posições em competições, andares de edifícios, entre outros.

Além dos cardinais e ordinais, existem os numerais multiplicativos, que indicam quantas vezes uma quantidade foi multiplicada. Termos como "duplo", "triplo" e "quádruplo" exemplificam essa categoria, sendo úteis em contextos que envolvem a ampliação ou a multiplicação de quantidades, como em receitas culinárias, instruções de montagem, ou ao descrever o aumento de algo.

Os numerais fracionários, por outro lado, expressam divisões ou partes de um todo, como "meio", "terço" e "quarto". Eles são particularmente úteis em situações que requerem a divisão de objetos, medidas, ou qualquer outro elemento em partes menores, facilitando a compreensão de proporções ou a divisão equitativa.

A utilização correta dos numerais permite não apenas a expressão de quantidades e posições de maneira precisa, mas também contribui para a clareza e a precisão na comunicação de dados, medidas e sequências. Além disso, os numerais podem se ajustar em gênero e número, concordando com os substantivos aos quais se referem, o que reforça a coesão e a coerência textual.

Por fim, é importante notar que os numerais podem aparecer tanto na forma de palavras quanto de algarismos. Embora os algarismos ofereçam uma maneira rápida e universal de representar quantidades, a escrita por extenso dos numerais pode ser preferida para evitar ambiguidades, conferir formalidade ou seguir normas estilísticas em textos literários, jurídicos e científicos. Assim, entender os diferentes tipos de numerais e saber quando e como usá-los é essencial para a comunicação eficaz em diversos contextos.

7.4. Artigos

Artigos são palavras que antecedem os substantivos para determiná-los ou indeterminá-los, desempenhando um papel fundamental na estruturação de frases e na clareza da comunicação. Eles são classificados em definidos e indefinidos, cada um com sua função específica no contexto de uma frase. Os artigos definidos (o, a, os, as) são usados para referir-se a algo específico, já conhecido pelo falante e pelo ouvinte ou leitor, ou que tenha sido previamente mencionado no discurso. Por exemplo, na frase "O cachorro correu pelo parque", o uso de "o" antes de "cachorro" indica que ambos os interlocutores sabem de qual cachorro estão falando.

Por outro lado, os artigos indefinidos (um, uma, uns, umas) introduzem substantivos de maneira mais genérica ou indeterminada, sem especificar exatamente a qual entidade se referem. Eles são utilizados quando o substantivo mencionado não é conhecido pelos interlocutores ou quando sua identidade específica é irrelevante para o contexto. Em "Encontrei um cachorro no parque", o uso de "um" indica que o cachorro mencionado não foi identificado anteriormente na conversa, introduzindo uma nova entidade ao discurso.

A escolha entre artigo definido e indefinido pode alterar significativamente o sentido de uma frase, influenciando a interpretação do ouvinte ou leitor sobre a especificidade e a familiaridade do substantivo em questão. Além disso, os artigos concordam em gênero (masculino ou feminino) e número (singular ou plural) com o substantivo que acompanham, assegurando a harmonia e a correção gramatical das frases. Essa concordância é crucial para a clareza da comunicação, uma vez que ajuda a definir as características do substantivo referido.

Além de seu papel primário de determinação, os artigos também podem atuar como um indicativo do gênero de substantivos ambíguos ou de palavras estrangeiras adaptadas ao português, ajudando assim na correta interpretação e pronúncia delas. Por exemplo, "o blog" e "a internet" demonstram como os artigos ajudam a definir o gênero gramatical de palavras originárias de outras línguas. Portanto, os artigos são mais do que simples palavras de apoio; eles são essenciais para a estrutura e o sentido das frases, contribuindo para a precisão e riqueza da comunicação.

7.5. Pronomes

Pronomes são palavras utilizadas para substituir ou acompanhar substantivos, desempenhando um papel crucial na construção de frases ao evitar repetições desnecessárias e tornar o texto mais fluído e agradável. Eles se adaptam de acordo com a pessoa do discurso (primeira, segunda ou terceira), o número (singular ou plural), o gênero (masculino ou feminino) e a função que desempenham na frase (sujeito, objeto, possessivo etc.). Esta classe de palavras é diversificada e inclui várias categorias, como pronomes pessoais, possessivos, demonstrativos, indefinidos, relativos e interrogativos, cada um com suas características e usos específicos.

Os pronomes pessoais, por exemplo, referem-se diretamente às pessoas do discurso. Na primeira pessoa, "eu" e "nós" indicam quem fala ou escreve; na segunda pessoa, "tu" e "vós" (mais comuns em contextos formais ou regionais) ou "você" e "vocês" (mais utilizados na linguagem cotidiana) referem-se à pessoa ou pessoas com quem se fala; na terceira pessoa, "ele", "ela", "eles" e "elas" são usados para falar sobre alguém ou algo que não está diretamente envolvido na conversa.

Pronomes possessivos indicam posse ou pertencimento em relação às pessoas do discurso, como em "meu", "teu", "seu", "nosso", "vosso", demonstrando a quem um objeto ou uma qualidade pertence. Por exemplo, "Este é o meu livro" usa o pronome possessivo "meu" para indicar que o livro pertence à pessoa que fala.

Pronomes demonstrativos, como “este”, “esse”, “aquele”, “esta”, “essa”, “aquela”, são usados para apontar ou referenciar algo ou alguém em relação à posição ou ao tempo, com “este” referindo-se a algo próximo ao falante, “esse” a algo próximo ao ouvinte, e “aquele” a algo distante de ambos.

Pronomes indefinidos referem-se a pessoas ou coisas de maneira vaga ou indeterminada, como “alguém”, “ninguém”, “algum”, “nenhum”, “tudo”, “nada”. Eles são úteis para falar sobre entidades sem especificá-las claramente.

Pronomes relativos, como “que”, “quem”, “onde”, “cujo”, conectam orações ao introduzir uma cláusula que fornece mais informações sobre um substantivo mencionado anteriormente. Eles são essenciais para a construção de frases complexas e para evitar repetições.

Por fim, pronomes interrogativos são empregados para formular perguntas diretas ou indiretas, referindo-se a pessoas ou coisas de forma interrogativa. Exemplos incluem “quem”, “qual”, “quais”, “quanto”, “quantos”.

A compreensão e o uso adequado dos pronomes são fundamentais para a articulação de ideias de maneira clara e eficaz, contribuindo significativamente para a coesão e a coerência textual.

7.6. Verbos

Verbos são palavras que expressam ações, estados, fenômenos da natureza ou processos, ocupando uma posição central na construção das frases e sendo essenciais para a expressão do tempo e do modo das ações. Eles podem variar em tempo (passado, presente, futuro), modo (indicativo, subjuntivo, imperativo), número (singular, plural), pessoa (primeira, segunda, terceira) e voz (ativa, passiva, reflexiva).

Um exemplo clássico de verbo é "correr". Na frase "Eu corro todos os dias", o verbo "correr" está no presente do indicativo, expressando uma ação habitual no tempo presente. Se modificarmos para "Eu corri ontem", o verbo agora está no passado, indicando uma ação concluída.

Verbos de estado, como "ser" ou "estar", descrevem condições ou situações em que se encontram os sujeitos. Por exemplo, em "Ela é inteligente", o verbo "ser" expressa uma característica permanente do sujeito. Já em "Ele está cansado", o verbo "estar" descreve uma condição temporária.

Os verbos também podem indicar fenômenos da natureza, como "chover" ou "nevar". Em "Choveu muito ontem à noite", o verbo "chover" expressa um fenômeno natural ocorrido no passado.

A conjugação dos verbos é outro aspecto crucial, pois varia conforme a pessoa, o número, o tempo, o modo e a voz. Isso permite uma rica expressão de nuances temporais e modais, além de relacionar a ação verbal diretamente aos sujeitos e objetos da frase. A voz do verbo pode alterar significativamente o foco da ação; por exemplo, "O gato comeu o peixe" (voz ativa) *versus* "O peixe foi comido pelo gato" (voz passiva).

O uso adequado dos verbos é fundamental para a clareza da comunicação, pois eles estruturam as frases e conferem dinamismo ao texto. Dominar a conjugação verbal e compreender as nuances de significado que os diferentes tempos, modos e vozes podem expressar enriquece significativamente a expressão escrita e oral.

7.7. Advérbios

Advérbios são palavras que modificam verbos, adjetivos ou até mesmo outros advérbios, fornecendo informações adicionais sobre a ação, o estado, a qualidade ou sobre outra circunstância da frase. Eles são elementos essenciais na língua, pois adicionam detalhes que enriquecem o texto, esclarecendo o "como", "quando", "onde", "quanto" e "por quê" das ações e qualidades descritas. Advérbios não variam em gênero ou número, o que os distingue de muitas outras classes de palavras, mas podem variar em grau (comparativo e superlativo) para expressar intensidade.

Os advérbios podem ser classificados em diversas categorias, de acordo com a circunstância que expressam:

Advérbios de modo: explicam como algo é feito ou acontece. Exemplos incluem "lentamente", "bem", "mal", "assim", "depressa". Por exemplo, na frase "Ela fala claramente", o advérbio "claramente" modifica o verbo "fala", indicando o modo como a ação é realizada.

Advérbios de tempo: indicam quando algo ocorre. Incluem palavras como "hoje", "ontem", "amanhã", "tarde", "nunca", "sempre". Em "Ele chegará amanhã", o advérbio "amanhã" modifica o verbo "chegará", referindo-se ao tempo da ação.

Advérbios de lugar: mostram onde algo acontece. Exemplos são "aqui", "lá", "acima", "abaixo", "dentro", "fora". Na frase "Os livros estão ali", o advérbio "ali" modifica o verbo "estão" indicando o lugar.

Advérbios de intensidade: expressam o grau de intensidade de um verbo, adjetivo ou outro advérbio. Palavras como "muito", "pouco", "bastante", "demais", "quase" fazem parte dessa categoria. Por exemplo, em "Ela é muito inteligente", o advérbio "muito" modifica o adjetivo "inteligente", intensificando sua qualidade.

Advérbios de negação: negam uma ação ou estado. O "não" é o exemplo mais comum. Em "Ele não concordou", o advérbio "não" modifica o verbo "concordou", expressando negação.

Advérbios de dúvida: expressam incerteza em relação a uma ação ou estado. Exemplos incluem "talvez", "provavelmente", "possivelmente". Em "Talvez chova amanhã", o advérbio "talvez" modifica o verbo "chova", indicando uma possibilidade.

Para ilustrar com exemplos práticos em questões de concurso, observemos o seguinte:

Questão de concurso:

(VUNESP – Investigador de Polícia (PC SP) /PC SP/2018). Assunto: Advérbio

Muitos adjetivos, permanecendo imóveis na sua flexão de gênero e número, podem passar a funcionar como advérbio. O critério formal de diferenciação das duas classes de modificador é a variabilidade do primeiro e a invariabilidade do segundo. (Evanildo Bechara, Moderna Gramática Portuguesa. Adaptado)

A análise do autor, citando o contexto em que um adjetivo pode funcionar como advérbio, está exemplificada com o termo destacado na seguinte passagem:

a) ... mais do que o rigor ou o tamanho da pena, é o principal fator de dissuasão.
b) ... levou o país a abrigar a terceira maior população carcerária do mundo...
c) Deve-se caminhar, ainda, no sentido da integração com a criação de bases de dados...
d) Tudo isso depende, claro, da superação da crise orçamentária...
e) Parte considerável das prisões resulta de casos de flagrante...[11]

Iniciaremos comentando a resolução da questão para esclarecer cada alternativa e aprimorar o entendimento:

A) ERRADA: Apresenta um adjetivo utilizado para descrever um fator. A escolha desta opção sugere uma interpretação equivocada do termo, ao considerá-lo como qualificativo de um

11. VUNESP. Concurso Público para Investigador de Polícia (Inv. Pol.) da Polícia Civil do Estado de São Paulo (PC SP). São Paulo: PC SP, 2018.

elemento específico, quando na verdade a questão demanda outra classificação gramatical.

B) ERRADA: Refere-se a um adjetivo empregado na caracterização da população. Esta alternativa desvia do foco da questão ao atribuir uma função descritiva ao termo, relacionada a um grupo de pessoas, não correspondendo à categoria gramatical requerida na questão.

C) ERRADA: Indica um advérbio de modo. Apesar de identificar corretamente a classe gramatical de um advérbio, esta opção falha em reconhecer a função ou o uso específico do termo dentro do contexto apresentado na questão.

D) CORRETA: Esta é a alternativa correta. Embora "claro" seja comumente identificado como um adjetivo (por exemplo, em "céu claro", onde descreve uma qualidade do céu), no contexto da questão ele atua como um advérbio de confirmação. Este uso demonstra a flexibilidade linguística de certas palavras, que podem mudar de categoria gramatical conforme seu emprego na frase.

E) ERRADA: Traz um adjetivo que se refere a uma parte específica. Similarmente às outras opções erradas, esta interpreta o termo em questão como um descritivo, o qual deveria elucidar características de um componente ou segmento, desviando do ponto central da análise gramatical pretendida pela questão.

Esse detalhamento visa a fornecer uma visão mais clara sobre como cada opção se alinha com as regras gramaticais e a interpretação correta dos termos dentro de um contexto específico.

Nota-se que advérbios são ferramentas linguísticas versáteis e poderosas que ajudam a tornar a comunicação mais precisa e expressiva. Seu uso correto pode significativamente alterar o sentido de uma frase, oferecendo nuances e detalhes que enriquecem o texto.

7.8. Preposição

Preposições são palavras invariáveis que estabelecem relações entre dois ou mais elementos dentro de uma oração, ligando substantivos, pronomes, ou frases a outras palavras, sem, no entanto, subordiná-las diretamente em termos de sujeito e predicado. Essas relações podem indicar tempo, lugar, modo, causa, finalidade, entre outras circunstâncias, sendo essencial para a construção de frases coerentes e gramaticalmente corretas. Exemplos comuns de preposições incluem "em", "por", "com", "para", "sobre", "entre" e "sem". Por exemplo, na frase "O livro está sobre a mesa", a preposição "sobre" estabelece uma relação de lugar entre "livro" e "mesa".

As preposições podem ser classificadas em essenciais, acidentais e locuções prepositivas. As essenciais são aquelas que têm como função principal estabelecer relações prepositivas, como "de", "a", "com". As acidentais são palavras de outras classes gramaticais que podem funcionar como preposições, como "durante", "exceto", "mediante". As locuções prepositivas são conjuntos de palavras que exercem função de preposição, como "em frente a", "de acordo com", "perto de". Essa diversidade permite expressar uma ampla gama de relações lógicas e espaciais dentro das frases.

Um aspecto interessante das preposições é a sua capacidade de formar combinações fixas com certos verbos, adjetivos ou substantivos, criando as chamadas "regências". A regência de uma palavra pode determinar o uso de uma preposição específica, afetando o sentido da frase. Por exemplo, "sonhar com", "interessado em", "capaz de". Essas combinações não são arbitrárias e fazem parte do aprendizado da língua, sendo essencial para o uso correto das preposições.

Embora pequenas e aparentemente simples, as preposições desempenham um papel crucial na estrutura da língua portuguesa. Elas são fundamentais para a construção de frases que fazem sentido, permitindo a expressão de relações complexas de maneira concisa e clara. O domínio sobre o uso das preposições é um aspecto importante do conhecimento gramatical, contribuindo para a precisão e a riqueza da comunicação.

7.9. Conjunção

Conjunções são palavras ou conjuntos de palavras que funcionam como elementos de ligação entre orações ou entre termos semelhantes de uma mesma oração. Elas são essenciais para a construção de textos coesos e coerentes, permitindo a articulação de ideias e a formação de argumentos complexos. As conjunções podem ser classificadas em coordenativas e subordinativas, cada uma desempenhando funções específicas na estrutura frasal.

As conjunções coordenativas unem orações independentes ou termos de mesma função sintática, sem que haja uma relação de dependência entre eles. São divididas em aditivas (e, nem), adversativas (mas, porém, contudo), alternativas (ou, ou...ou), conclusivas (logo, portanto) e explicativas (que, pois). Por exemplo, na frase "Estudou muito, mas não passou no exame", a conjunção "mas" introduz uma oposição entre as orações.

Já as conjunções subordinativas introduzem orações que dependem de outra para fazer sentido, estabelecendo relações de tempo, causa, condição, concessão, finalidade, entre outras. Exemplos incluem "quando" (temporal), "porque" (causal), "se" (condicional), "embora" (concessiva), "para que" (finalidade). Em "Chorou porque perdeu o jogo", a conjunção "porque" introduz a causa da ação de chorar.

O uso correto das conjunções permite não apenas a ligação de ideias de forma lógica e fluida, mas também a expressão de nuances e relações complexas entre elas. Por exemplo, a escolha entre uma conjunção adversativa e uma conclusiva pode alterar completamente a interpretação de um texto, demonstrando a importância dessas palavras na construção do sentido.

As conjunções são, portanto, ferramentas linguísticas poderosas que contribuem significativamente para a coesão textual e para a capacidade de expressar pensamentos e argumentos de forma organizada e clara. O domínio sobre seu uso é um aspecto crucial da competência comunicativa, permitindo a articulação eficaz de ideias em qualquer forma de discurso.

7.10. Interjeição

Interjeições são expressões que transmitem emoções, sensações, reações físicas ou psicológicas, ou que realizam chamamentos ou saudações, de forma súbita e intensa. Elas podem consistir em palavras isoladas, frases feitas ou até sons não verbais e são uma das classes de palavras que permitem a expressão direta de estados afetivos e intenções comunicativas sem a necessidade de uma estrutura sintática complexa. Por exemplo, "Ah!", "Opa!", "Ai!", "Ufa!", "Olá!".

As interjeições são extremamente variadas e podem expressar uma ampla gama de emoções e reações, como surpresa ("Oh!"), alegria ("Eba!"), tristeza ("Ah..."), dor ("Ai!"), alívio ("Ufa!"), entre muitas outras. Elas são uma ferramenta importante para conferir expressividade ao discurso, permitindo ao falante ou escritor transmitir sentimentos e reações de maneira imediata e impactante.

Um dos aspectos interessantes das interjeições é sua capacidade de transcender as barreiras linguísticas, muitas vezes sendo compreendidas mesmo por falantes de diferentes idiomas, devido ao seu caráter expressivo e à universalidade de certas emoções humanas. Contudo, cada língua possui seu próprio conjunto de interjeições, com variações culturais que refletem diferentes maneiras de expressar emoções e reações.

7.11. Emprego de tempos e modos verbais

O emprego de tempos e modos verbais é fundamental na língua portuguesa, pois permite expressar com precisão o momento em que ocorre uma ação, estado ou processo, bem como a atitude do falante em relação a essa ação. Cada tempo e modo verbal carrega um significado específico que contribui para a clareza e a riqueza da comunicação.

O modo indicativo é usado para expressar fatos ou ações consideradas reais ou certas pelo falante. É o modo verbal mais utilizado, adequado para relatar situações do cotidiano, fazer afirmações ou negações. Por exemplo, na frase "Ela estuda todas as noites", o verbo "estuda" está no presente do indicativo, indicando uma ação habitual que ocorre no presente.

No passado, o indicativo se desdobra em vários tempos, cada um com seu valor específico. O pretérito perfeito, como em "Ele estudou para a prova ontem", expressa uma ação concluída em um momento específico do passado. Já o pretérito imperfeito, usado em "Ele estudava quando a luz acabou", indica uma ação que estava em curso no passado.

O pretérito mais-que-perfeito, menos usado no dia a dia e mais comum em textos literários, expressa uma ação que ocorreu antes de outra ação também passada. Um exemplo seria: "Quando chegamos, ele já tinha estudado o material". Esse tempo verbal pode aparecer na forma composta, trazendo um aspecto de anterioridade ainda mais marcado.

Quanto ao futuro, o indicativo apresenta duas formas: o futuro do presente e o futuro do pretérito. O futuro do presente, como em "Ele estudará amanhã", refere-se a uma ação que ocorrerá após o momento da fala. O futuro do pretérito, utilizado em "Ele estudaria se tivesse tempo", expressa uma ação futura em relação a um momento passado, muitas vezes indicando uma condição ou hipótese.

O modo subjuntivo, por sua vez, é empregado para expressar dúvidas, desejos, hipóteses ou ações que podem ou não se realizar. Ele introduz um aspecto de incerteza ou subjetividade à frase. Por exemplo, "Espero que ele estude mais" usa o presente do subjuntivo ("estude") para expressar um desejo relacionado ao futuro.

O pretérito imperfeito do subjuntivo, como em "Se ele estudasse, passaria no exame", é usado para indicar uma condição ou uma hipótese no passado, muitas vezes associada a uma consequência que poderia ter ocorrido. Já o futuro do subjuntivo, menos comum em algumas variantes do português, é usado para indicar uma ação futura que depende de uma condição, como em "Quando ele estudar, vai entender".

O modo imperativo é empregado para dar ordens, fazer solicitações ou dar conselhos, refletindo a intenção do falante em provocar uma ação por parte do ouvinte. "Estude agora!" é um exemplo claro do imperativo afirmativo, enquanto "Não estude tão tarde!" usa o imperativo negativo para dar um conselho.

Como questões sobre o tema registra-se:

(VUNESP – Escrivão de Polícia (PC SP) /PC SP/2018). Assunto: Conjugação. Reconhecimento e emprego dos modos e tempos verbais

As expressões verbais empregadas em tempo que exprime a ideia de hipótese são:

a) foi e seria.
b) foi e constatou.
c) ter sido e passou.
d) teria e ter sido.
e) seria e teria.[12]

12. VUNESP. Concurso Público para Escrivão de Polícia (PC SP). São Paulo: Polícia Civil do Estado de São Paulo, 2018.

Para aqueles enfrentando dificuldades em compreender a conjugação dos verbos nos diferentes tempos verbais, uma dica valiosa é estudar os pretéritos, especialmente suas nuances e usos específicos. Aqui, analisaremos algumas sentenças para identificar o uso correto dos tempos verbais, focando particularmente no futuro do pretérito.

A) Incorreta: "foi" está no pretérito perfeito do indicativo, enquanto "seria" está corretamente identificado como futuro do pretérito do indicativo. Este par não representa o mesmo tempo verbal.

B) Incorreta: Tanto "foi" quanto "constatou" estão no pretérito perfeito do indicativo, não apresentando a variação temporal que estamos buscando.

C) Incorreta: "ter sido" refere-se ao pretérito perfeito composto, e "passou" ao pretérito perfeito do indicativo, mostrando também uma discrepância temporal.

D) Incorreta: "teria" é uma forma do futuro do pretérito do indicativo, e "ter sido" remete ao pretérito perfeito composto, indicando uma inconsistência no uso temporal entre os dois.

E) Correta: "seria" e "teria" ambos se enquadram no futuro do pretérito do indicativo, oferecendo uma congruência temporal que está de acordo com o gabarito.

Dica adicional: O futuro do pretérito é utilizado para indicar um evento que poderia ocorrer após um fato passado. Este tempo verbal é frequentemente empregado para expressar condição, hipótese ou possibilidade, estabelecendo uma relação de dependência com algo que ocorreu anteriormente. Entender essa nuance é fundamental para dominar a expressão de ideias relacionadas a eventos condicionais ou hipotéticos na língua portuguesa.

Além dos modos e tempos principais já citados, a língua portuguesa permite o uso de formas nominais do verbo (infinitivo, gerúndio e particípio) para expressar ações de maneira mais abstrata ou para construir tempos compostos, como no presente perfeito ("Ele tem estudado todas as noites").

Tempos verbais compostos são formados pelos verbos auxiliares ter ou haver mais o particípio do verbo principal. Nesses tempos compostos, conjuga-se apenas o verbo auxiliar.

Modo indicativo

Pretérito perfeito

É formado pelo presente do indicativo do verbo auxiliar mais o particípio do verbo principal.

Pretérito mais-que-perfeito

É formado pelo pretérito imperfeito do indicativo do verbo auxiliar mais o particípio do verbo principal.

Futuro do presente

É formado com o futuro do presente do indicativo do verbo auxiliar mais o particípio do verbo principal.

Futuro do pretérito

É formado com o futuro do pretérito do indicativo do verbo auxiliar mais o particípio **do verbo principal.**

Modo subjuntivo

Pretérito perfeito

É formado com o presente do subjuntivo do verbo auxiliar mais o particípio do verbo principal. Não há uma forma simples, constituída por um só verbo, para este caso.

Pretérito mais-que-perfeito

É formado pelo pretérito imperfeito do subjuntivo do verbo auxiliar mais o particípio do verbo principal. Também não há, para este tempo verbal, uma forma simples.

Futuro principal. É formado com o futuro do subjuntivo do verbo auxiliar mais o particípio do verbo.

Formas nominais

O infinitivo (impessoal e pessoal) e o gerúndio também possuem formas compostas.

Infinitivo impessoal

É formado com o infinitivo impessoal do verbo auxiliar mais o particípio do verbo principal.[13]

A escolha adequada do tempo e do modo verbal é crucial para transmitir o sentido pretendido pelo falante ou escritor, além de refletir a relação temporal entre diferentes ações e a atitude do falante em relação ao que é expresso. Dominar esses aspectos verbais amplia as possibilidades de expressão e contribui para a articulação de ideias de forma clara e eficaz.

Por fim, é importante notar que o uso dos tempos e modos verbais pode variar significativamente em diferentes contextos e estilos de texto, desde a comunicação cotidiana até a literatura, passando pela escrita acadêmica e profissional. A sensibilidade para escolher o tempo e o modo verbal mais apropriados em cada situação é uma habilidade valiosa na arte da comunicação.

REFERÊNCIAS BIBLIOGRÁFICAS

FIGUEIREDO, Adriana. **Gramática comentada com interpretação de textos para concursos**. Editora Saraiva, 2017. E-book. ISBN 9788547217846.

GARCÍA MÁRQUEZ, Gabriel. **Cem Anos de Solidão**. Editora Record, 1967.

13. MELO Mesquita, R. (2009). **Gramática da Língua Portuguesa** (p. 661). São Paulo: Saraiva.

MACHADO DE ASSIS. **Dom Casmurro**. Editora Martin Claret, 2002.

MELO. Mesquita, R. (2009). **Gramática da Língua Portuguesa** (p. 661). São Paulo: Saraiva.

PESTANA. Fernando, **A Gramática para Concursos Públicos**. 5ª ed., atual. E ampl. – Rio de Janeiro: Método, 2023.

PIACENTINI, Maria Tereza de Queiroz. **SÓ VIRGULA Método fácil em vinte lições**. 3ª ed. EdUFCar. São Carlos, 2021.

EIXO 3

Bárbara Vasconcelos

8. Sintaxe. 8.1. Oração. 8.2. Período. 8.3. Sintaxe do período simples. 8.4. Termos integrantes da oração. 8.5. Termos acessórios da oração. 8.6. Sintaxe do período composto. 8.7. Sintaxe de regência. 8.8. Sintaxe de concordância.

Atenção candidato: muitas bancam cobram a relação entre a morfologia e a sintaxe. Dessa forma, insta conhecer o conceito de morfossintaxe, que é o entendimento que, a cada classe gramatical (análise morfológica) teremos as funções sintáticas correspondentes.

Quadro explicativo:

MORFOLOGIA	SINTAXE
SUBSTANTIVO	NÚCLEO
ARTIGO	ADJUNTO ADNOMINAL
ADJETIVO	ADJUNTO ADN. + PREDICATIVO DO SUJ.
NUMERAL	ADJUNTO ADNOMINAL
PRONOME	Adj.adn./ pred.do suj. CV/CN/ SUJEITO
VERBO	NÚCLEO

ADVÉRBIO	ADJUNTO ADVERBIAL
PREPOSIÇÃO	CONECTIVO
CONJUNÇÃO	CONECTIVO
INTERJEIÇÃO	NÃO POSSUI

8. SINTAXE

A sintaxe é a parte da gramática que estuda as relações que as palavras estabelecem dentro da oração, determinando suas funções.

CONCEITOS INICIAIS:

FRASE

ORAÇÃO

PERÍODO

FRASE:

É todo enunciado com sentido completo.

Observe:

- Fogo!
- Socorro!
- Silêncio.
- Estou com frio.
- Preciso viajar...

A frase que não apresentar verbos, será uma frase nominal. Aquela que apresentar verbo, será uma frase verbal e também será chamada de oração e período.

TIPOS DE FRASES:

1) FRASE DECLARATIVA
2) FRASE EXCLAMATIVA
3) FRASE INTERROGATIVA
4) FRASE IMPERATIVA

FRASES DECLARATIVAS:

São aquelas que são usadas para afirmar ou negar algo.

Exemplos:

- Estudar transforma vidas.
- Eu não como sushi.
- Albert Einstein era um físico genial.

FRASES EXCLAMATIVAS

São aquelas que são usadas para expressar surpresa, admiração ou mesmo susto ou espanto.

Exemplos:

- Eu te amo!
- Que susto!
- Que presente lindo!

FRASES INTERROGATIVAS

São aquelas que são usadas para expressar perguntas, diretas ou indiretas.

Exemplos:

- Que horas iremos?
- Não sei que horas iremos.

- Eu preciso chegar às 10h?
- Eu não sei que horas preciso chegar.

FRASES IMPERATIVAS

São aquelas que são usadas para expressar ordem, pedido ou conselho.

Exemplo:

- Antônio, venha logo!
- Beba água.
- Durma cedo.

8.1. Oração

É a frase, ou parte da frase, que apresenta verbo ou locução verbal.

Observe os exemplos:

O VERBO É A BASE!

- O Brasil é um país de proporções continentais.
- Estude que passará.
- As apostilas já estão prontas.
- Meu filho pediu um livro.

8.2. Período

É a frase que apresenta uma ou mais orações (verbos) Quando possuir apenas um verbo, será um período simples. Quando possuir mais de um verbo, será um período composto.

Cabe ressaltar que o período terminará sempre que ocorrer um destes sinais de pontuação:

Ponto final (.)

Ponto de exclamação (!)

Ponto de interrogação (?)

Reticências (...)

EXEMPLO:

Não sei/ qual dos materiais serão usados pelo colégio.

Possui duas orações:

1° oração: Não sei/

2° oração: /qual dos materiais serão usados pelo colégio. (Locução verbal)

8.3. Sintaxe do período simples

TERMOS ESSENCIAIS DA ORAÇÃO:

- SUJEITO
- PREDICADO

Sujeito:

O sujeito é o termo da oração a qual se declara algo.

Atenção:

O SUJEITO poderá ser representado por:

1) Substantivo (ou palavra substantivada)
   Exemplo: Pedro comprou o anel. (Sujeito: o substantivo Pedro)

   O calar é ouro. (Sujeito: palavra substantivada "o calar")

2) Pronome pessoa do caso reto ou oblíquo

   Exemplo: Eles irão viajar. (Sujeito: pronome "Eles")

3) Pronomes: demonstrativos, relativos, interrogativos ou indefinidos.

Exemplo: Aquela casa é linda. (Sujeito: pronome demonstrativo "Aquela casa")

4) Numeral

Exemplo: Os dois irão se casar. (Sujeito: numeral "Dois")

5) Oração subordinada substantiva subjetiva* (veremos mais adiante)

Exemplo: É provável que ele chegará hoje.

PARA ENCONTRAR O SUJEITO: ENCONTRE O VERBO E PERGUNTE: QUEM É QUÊ(...)? OU O QUE É QUÊ(...)? A RESPOSTA SERÁ O SEU SUJEITO.

EXEMPLOS:

JOÃO AMA MARIA.

ENCONTRE O VERBO: AMA

PERGUNTE AO VERBO: QUEM É QUE AMA MARIA?

RESPOSTA SERÁ SEU SUJEITO: JOÃO.

O FUTEBOL É UM JOGO FAMOSO NO BRASIL.

ENCONTRE O VERBO: É

PERGUNTE AO VERBO: O QUE É QUÊ É FAMOSO NO BRASIL?

RESPOSTA SERÁ SEU SUJEITO: O FUTEBOL.

Tipos de Sujeito

1) Sujeito determinado (simples, composto e oculto) a depender da quantidade de núcleos ou da desinência verbal, no caso do sujeito oculto.

Observe:

- Sujeito simples: apenas um núcleo.

Exemplos:

A mulher espartana praticava muitos esportes. (Núcleo do sujeito: mulher)

Os filhos presentearam o pai. (Núcleo do sujeito: filhos)

MESMO APRESENTANDO PLURAL, POSSUI APENAS 1 NÚCLEO.

- Sujeito composto: mais de um núcleo.

Exemplo:

A mulher e o homem praticavam muitos esportes. (Núcleos: mulher e homem)

João e Maria são personagens da história. (Núcleos: João e Maria)

- Sujeito Oculto (desinencial): não se apresenta de forma explícita, mas pode ser encontrado por meio do contexto ou forma verbal.

Atenção: outras nomenclaturas para o sujeito oculto são: elíptico, implícito ou subentendido.

Exemplos

Anunciaram o nascimento do filho. (Sujeito oculto: Eles)

Estamos muito orgulhosos! (Sujeito oculto: Nós)

Falei de você na terapia. (Sujeito oculto: Eu)

Em caso de sujeito oculto, toda oração será o predicado!

2) Sujeito indeterminado: não é possível determinar, nem pelo contexto nem pela forma apresentada pelo verbo. (Desinência verbal)

É o sujeito quem faz a referência, todavia não é possível identificar.

Neste tipo de sujeito, percebe-se verbos que estão flexionados em 3° pessoa do plural ou também flexionado na 3° pessoa do singular, acrescido da partícula –se. Outra forma de indeterminar o sujeito é com verbo no infinitivo impessoal.

Exemplos:

- Esqueceram de trancar o carro. (Sabemos que alguém esqueceu, mas não podemos identificar quem)
- Precisa-se de consultores. (Aqui, da mesma forma, percebe-se que alguém precisa de consultores, mas não podemos identificar)
- Fumar faz muito mal à saúde. (Verbo no infinitivo impessoal)

3) Sujeito inexistente: em casos de verbos impessoais; aqueles que indicam fenômenos da natureza (chover, nevar, anoitecer), tempo decorrido (ser, fazer), existência ou acontecimento (haver)

É também chamada de oração sem sujeito.

Exemplos:

Choveu muito em Curitiba.

Faz dois anos que passei no concurso.

Há muita gente no parque.

Aguardo a encomenda faz dez dias.

De olho no resumo:

TIPO DE SUJEITO	REGRA	EXEMPLOS
SIMPLES	UM NÚCLEO	Eu amo você.
COMPOSTO	MAIS DE UM NÚCLEO	Paula e Ana chegaram cedo.

OCULTO	NÃO ESTÁ EXPLÍCITO. SERÁ ENCONTRADO POR MEIO DA DESINÊNCIA VERBAL	Amamos caminhar na praia.
INDETERMINADO	3°pp ou 3°os Ou com verbo no infinitivo impessoal	Escreveram eu nome no quadro.
INEXISTENTE	Verbos que indiquem fenômeno da natureza ou tempo decorrido	Anoiteceu mais cedo hoje.

Predicado:

O predicado é aquilo que é declarado a respeito do sujeito.

Pode apresentar dois tipos de verbo, os chamados verbos de ligação e também os verbos significativos.

O verbo de ligação é aquele tem como função apenas relacionar/ligar o sujeito da oração ao seu predicativo (característica ou qualificação).

O verbo significativo é aquele que necessariamente expressa uma informação, indicando uma ação.

Poderá, neste contexto, ser analisado como verbo intransitivo ou transitivo; conceitos que veremos mais à frente.

Tipos de Predicado

1) Nominal: o núcleo é um nome e exerce a função de predicativo do sujeito.

Exemplo: O estudante parece disposto. (Parece: verbo de ligação + *disposto*: predicativo do sujeito)

2) Verbal: o núcleo é um verbo e exerce a função de núcleo do predicado. Exemplo: As folhas caem no outono

(Verbo intransitivo: caem + adjunto adverbial de tempo: no outono).

3) Verbo-nominal: apresentará um núcleo nominal (predicativo do sujeito) e um núcleo verbal. Exemplo: A criança saiu de casa alegre (verbo intransitivo: saiu + predicativo do sujeito: alegre).

COMO IDENTIFICAR O TIPO DE PREDICADO:
1) ENCONTRE O SUJEITO: o que sobrar da frase será o predicado. 2) LOCALIZE NO PREDICADO: TEM VERBO DE LIGAÇÃO E PREDICATIVO (CARACTERÍSTICA DO SUJEITO) = PREDICADO NOMINAL TEM VERBO TRANSITIVO OU INTRASITIVO = PREDICADO VERBAL TEM VERBO TRANSITIVO OU INTRANSITIVO + PREDICATIVO DO SUJEITO = PREDICADO VERBO-NOMINAL

8.4. Termos integrantes da oração

Os termos integrantes da oração são:

- **Complemento nominal**

  É o termo que irá completar o sentido de um nome.

  Observe:

  Eu tenho saudades de você.

- **Complemento verbal**: objeto direto/indireto

Objeto direto: sem apresentar preposição, complementa o sentido do verbo.

Exemplo: Eu amo chocolate branco.

Objeto indireto: a preposição é obrigatória para complementar o sentido do verbo.

Exemplo: Eu gosto de chocolate branco.

- **Agente da passiva**

É o termo da oração que pratica a ação que foi trazida pelo verbo em caso de voz passiva.

Exemplo: A bebida foi trazida por ele. (Na voz ativa ficaria: Ele trouxe a bebida)

8.5. Termos acessórios da oração

- **ADJUNTO ADNOMINAL**

É o termo da oração que irá determinar ou especificar um substantivo.

Exemplo: As melhores receitas foram deixadas pelos nossos pais.

As e melhores: adjunto adnominal de "receitas"

Os e pelos (por+o): adjunto adnominal de "avós"

- **ADJUNTO ADVERBIAL**

É o termo da oração que apresenta a semântica dos advérbios.

Exemplo:

João chegou ontem.

- **APOSTO**

Tem como função explicar ou acrescentar alguma informação.

Exemplo: Meu filho, Eduardo, ganhou um livro.

Atenção: o aposto pode aparecer antes ou depois do termo a qual se especifica algo, mas sempre estará entre vírgulas, ou outros sinais de pontuação, como os dois pontos e travessão.

- **VOCATIVO**

Os vocativos são termos isolados, que não apresentam nenhuma função na oração.

Tem como objetivo fazer um chamamento ou interpelação.

Exemplos:

Mãe, eu vou chegar tarde!

Ó, meu amor, isso não se faz.

8.6. Sintaxe do período composto

Atenção: o período composto é aquele que possui mais de uma oração.

1) COORDENAÇÃO

No período composto por coordenação, as orações serão ligadas pelo sentido, mas são independentes sintaticamente.

Aquelas que não possuírem síndeto (conectivo) serão chamadas de **assindéticas**. Por exemplo: Vim, vi, venci.

As que possuem síndeto (conectivo) serão classificadas em cinco tipos:

- **Aditivas**: ideia de acréscimo, adição;

  Exemplo: Chegamos ao clube e nadamos.
- **Adversativas**: ideia de contraste, oposição;

  Exemplo: Trabalha, mas nunca guarda seu dinheiro.
- **Explicativas**: ideia de explicação, motivo;

  Exemplo: Maroca não sabe da novidade, porque ainda não contei.
- **Alternativas:** ideia de alternância, exclusão;

  Exemplo: Ora diz que me ama, ora diz que me odeia.
- **Conclusivas**: ideia de conclusão;

  Exemplo: São adultos, logo irão viajar sozinhos.

PRINCIPAIS CONECTIVOS UTILIZADOS	
ADITIVAS	E, nem, bem como, não só, mais também
ADVERSATIVAS	Mas, porém, todavia, contudo, não obstante, no entanto, entretanto
ALTERNATIVAS	Ou, ou...ou, quer...quer, ora...ora, já...já, seja...seja
EXPLICATIVAS	Que, porque, pois (antes do verbo), porquanto
CONCLUSIVAS	Assim, logo, portanto, então, por isso, desse modo, por conseguinte, dessa forma, pois (deslocado)

2) SUBORDINAÇÃO

No período composto subordinação, temos uma oração principal e uma oração subordinada à oração principal. Por isso, indicam dependência entre os elementos.

Podem ser classificadas em:

- **Substantivas**

São aquelas que possuem a função de sujeito, objeto direto, indireto, complemento nominal, predicativo ou aposto.

Poderão ser:

- Subjetivas: possui valor de sujeito da oração principal.

  Exemplo: É importante que você chegue antes do Gustavo.

  Oração principal: É importante

  Oração subordinada substantiva subjetiva: que você chegue antes do Gustavo.

- Objetivas diretas: possui valor de objeto direto do verbo da oração principal.

  Exemplo: Nós desejamos que vocês sejam felizes.

  Oração principal: Nós desejamos

  Oração subordinada substantiva objetiva direta: que vocês sejam felizes.

- Objetivas indiretas: possui valor de objeto indireto do verbo da oração principal (necessariamente pede por preposição).

  Exemplo: Eu preciso (de) que esteja tudo bem.

  Oração principal: Eu preciso

  Oração subordinada substantiva objetiva indireta: que esteja tudo bem.

- Predicativas: possui valor de predicativo do sujeito.

  Exemplo: Nosso desejo é que João ganhe o campeonato.

  Oração principal: Nosso desejo é

  Oração subordinada substantiva predicativa: que João ganhe o campeonato.

- Apositivas: possui valor de aposto de algum termo da oração principal.

  Exemplo: Todos dizem a mesma coisa: que eu sou intransigente.

  Oração principal: Todos dizem a mesma coisa

  Oração subordinada substantiva apositiva: que eu sou intransigente.

- **Adjetivas**

  São aquelas que possuem a função de adjunto adnominal. Poderão ser:

- Explicativas: contém uma explicação.

  Exemplo: Os envelopes dos clientes, que foram enviados ontem, estavam guardados.

- Restritivas: contém uma restrição.

  Exemplo: Os envelopes que você solicitou estão na sua gaveta.

- **Adverbiais**: são aquelas que apresentam a função de adjunto adverbial, indicando circunstâncias.

  Poderão ser:

  - Causais: em relação à oração principal, apresenta circunstância de motivo, causa.

    Exemplo: Como estava desanimado, não foi à festa.

  - Comparativas: em relação à oração principal, apresenta circunstância de comparação.

    Exemplo: Maria o atraía como ímã atrai o metal.

  - Concessivas: em relação à oração principal, apresenta circunstância de concessão (exprime algo que será concedido, admitido).

    Exemplo: Embora tenha feito todo planejamento, o resultado foi uma catástrofe.

  - Condicionais: em relação à oração principal, apresenta circunstância de hipótese/condição.

    Exemplo: Entregaremos os materiais desde que o pagamento seja efetuado anteriormente.

  - Conformativas: em relação à oração principal, apresenta circunstância de conformidade.

    Exemplo: Conforme anunciado em edital, as provas serão aplicadas amanhã.

  - Consecutivas: em relação à oração principal, apresenta circunstância de consequência/resultado.

    Exemplo: Choveu tanto naquela manhã que o lago transbordou.

  - Finais: em relação à oração principal, apresenta circunstância de finalidade.

    Exemplo: Estudou bastante para que pudesse ser aprovado no vestibular.

- Proporcionais: em relação à oração principal, apresenta circunstância de proporção.

  Exemplo: À medida que o tempo passa, apura-se o paladar para vinhos.
- Temporais: em relação à oração principal, apresenta circunstância de tempo.

  Exemplo: Quando ele chegou, não havia mais ninguém no restaurante.

PRINCIPAIS CONECTIVOS SUBORDINATIVOS ADVERBIAIS:	
CAUSAIS	Haja vista, que, porque, pois, porquanto, visto que
COMPARATIVOS	Como, que nem, que (depois de maior, pior, melhor, mais ou menos)
CONCESSIVAS	Embora, conquanto, ainda que, mesmo que, em que pese, posto que
CONDICIONAIS	Se, desde que, caso, contanto que, a menos que, somente se
CONFORMATIVAS	Conforme, como, segundo, de acordo com, consoante
CONSECUTIVAS	Que (depois de tal, tanto e tão) de modo que, de forma que
FINAIS	Para que, a fim de que
PROPORCIONAIS	À proporção que, à medida que, quanto mais... mais.
TEMPORAIS	Quando, enquanto, assim que, até que, mal, logo que, desde que.

8.7. Sintaxe de regência

Estuda a relação existente entre o verbo (regência verbal) ou o nome e seus complementos (regência nominal).

Desse modo serão estabelecidos termos regentes + termos regidos.

Regência Verbal

Parte da gramática que estuda relação entre o verbo +termos que caracterizam (ou complementam seu sentido).

Os verbos serão os termos regentes e os objetos (tanto direto quanto indireto) ou os adjuntos adverbiais serão os termos regidos.

Ex. Os professores implicaram com o novo coordenador (implicar = ter aversão).

Anexo

1- Maria mora em outro Estado.

2- Aquilo implicará mudanças de horário.

3- Nós iremos ao parque.

Verbos: termos regentes **Complementos: termos regidos**

Regência Nominal

Relação entre nome (substantivo; adjetivo) e os temos que ele rege. É analisado a partir da preposição.

Ex. Elas preferiram ficar longe de todos.

Alguns exemplos de verbos e sua regência

1- Assistir

a) Tendo sentido de ver exigirá preposição:

Que tal assistirmos ao podcast?

b) Tendo sentido de dar assistência não exigirá preposição:

Sempre assistiu crianças abandonadas.

c) Tendo sentido de pertencer exigirá preposição:

Assiste aos prejudicados o direito à reparação.

2- Aspirar

a) Tendo sentido de resirar/absorver não exigirá preposição:

Aspirou toda a sala de estar.

b) Tendo sentido de pretender exigirá preposição:

Aspirou ao cargo do concurso.

3- Esquecer

É um verbo transitivo direto e não exige preposição.

Ex. Esqueci meu celular.

4- Informar

Informar é um verbo transitivo direto e indireto; portanto exigirá dois complementos, um com preposição e outro sem.

Ex. Informei a situação ao síndico.

5- Ir

É regido pela preposição "a".

Ex. Vou à praia.

8.8. Sintaxe de Concordância

Conceito:

É a parte da gramática que analisa a relação entre verbo e o sujeito (em relação ao número e pessoa) e entre os nomes, a relação entre gênero e número.

Atenção candidato: os verbos e os nomes serão sempre flexionados em relação de dependência.

Concordância Nominal:

Trata de concordância que ocorrerá entre o substantivo e os demais termos do enunciado que o modificam (os artigos, os adjetivos, os pronomes e os numerais).

Os termos que acompanham o substantivo deverão concordar em gênero masculino ou feminino e em número (singular ou plural).

Casos principais:

1- Entre substantivo e um adjetivo

Neste caso o adjetivo concordará em gênero e número com o substantivo.

Ex. Os doces estão maravilhosos.

O doce está maravilhoso.

Meu filho é inteligente.

Minha filha é inteligente.

Quando ocorrer mais de um substantivo, o adjetivo deverá concordar com o substantivo mais próximo.

Caso os substantivos sejam nomes próximos, necessariamente o adjetivo ficará no plural.

Ex. Adélia Prado e Cora Coralina são excelentes poetisas.

2- Entre substantivos e vários adjetivos.

Na oração quando aparecer um substantivo que for caracterizado por mais do que um adjetivo, a concordância nominal poderá ocorrer:

- Com o artigo antes do último adjetivo;

Exemplos:

Amo a festa grega e a turca.

Estudo a gramática portuguesa e a espanhola.

- Com o substantivo e o artigo que o antecede no plural;

Exemplos:

Amo as festas grega e turca.

Estudo as gramáticas portuguesa e espanhola.

3- A concordância entre números ordinais.

Com os números ordinais antes do substantivo: poderá o substantivo ficar no singular ou plural.

Ex. A primeira e a segunda fileira.

A primeira e a segunda fileiras.

Com os números ordinais depois do substantivo: usará o plural necessariamente.

Ex. As fileiras primeira e segunda.

4- Concordância entre expressões. Exemplos mais cobrados.

Anexo- concordará em gênero e número com o substantivo.

- Segue anexo o e-mail.
- Segue anexa a fatura do cartão.

Quando usar a expressão "em anexo" não irá variar.

- Segue em anexo o e-mail.
- Segue em anexo a fatura do cartão.

Bastante(s)

Concordará em gênero e número em substantivo.

Quando estiver em função de adjetivo

Ex. Enviamos bastantes materiais.

Compraram bastantes livros.

Importante quando a palavra "bastante" tiver a função de advérbio não irá variar.

Ex. Os meninos jogam bastante bem.

Somos bastante amigos.

Meio

Concordará em gênero e número com o substantivo.

Quando estiver em função de adjetivo

Ex. Quando acordou, tomou meio copo de leite.

Quando acordou, tomou meia xícara de chá.

Importante: Quando a palavra "meio" tiver a função de adjetivo não IRÁ variar.

Ex. João é meio estranho.

Maria é meio estranha.

Menos

Nunca varia.

Ex. Amanhã virá menos alunos.

Amanhã virá menos alunas.

É proibido, é bom, é necessário.

Não variam. Apenas se vierem com termos determinantes que as modifique.

Ex. É proibido entrada de cães.

É proibida a entrada de cães.

É permitido entrada de cães.

É permitida a entrada de cães.

Cerveja é bom.

A cerveja é boa.

Silêncio é necessário.

O silêncio é necessário.

ATENÇÃO!

Existe uma concordância que gera muitas dúvidas: concordância que envolve CORES. A regra geral versa que as cores deverão concordar com o substantivo correspondente.

A bicicleta é amarela.

Os livros são brancos.

Todavia quando o nome da cor fizer referência a um substantivo como laranja, rosa, cinza a cor ficará invariável.

As bicicletas são laranja.

Os livros são rosa.

Concordância Verbal

É a parte da gramática que estuda a relação entre o sujeito e o verbo.

Sujeito no singular=verbo no singular.

Sujeito no plural=verbo no plural.

As regras da concordância verbal.

1- Sujeito Coletivo: o verbo ficará no singular.

A multidão chegou cedo.

O elenco era muito admirável.

A multidão de carros chegou cedo.

ATENÇÃO:

Caso o substantivo coletivo esteja especificado o verbo pode ser conjugado no singular ou plural.

2- Expressões Partitivas: o verbo ficará no singular ou plural.

A maioria dos alunos chegou.

A maioria dos alunos chegaram.

Grande número de refugiados morreu.

Grande número de rejugiados morreram.

3- Expressões "mais de", "menos de", "cerca de": Verbo concorda com o numeral.

Mais de uma pessoa trocou de carro.

Mais de duas pessoas trocaram de carro.

4- Nomes próprios.

Considere a presença ou não de artigo determinante.

Os Estados Unidos influenciam a economia mundial.

Estados Unidos influencia a economia mundial.

5- Pronome Relativo "que", verbo concorda com o antecedente do pronome "que".

Fui eu que comprei o bolo.

Foi ele que comprou o bolo.

6- Pronome Relativo "quem": o verbo pode ser conjugado na 3ª pessoa ou concorda com o antecedente do pronome "quem".

Fui eu quem comprou.

Fui eu quem comprei.

7- Expressão "um dos que": verbo fica no singular ou plural.

Carlos foi um dos que mais ajudou.

Carlos foi um dos que mais ajudaram.

8- Sujeitos ligados por "nem": verbo vai para o plural.

Nem doces nem salgados foram consumidos.

Nem judô ou caratê são esportes fáceis.

9- Sujeitos ligados por "não só...,mas também", "tanto...quanto", "não só...como": verbo vai para o plural ou concordará com o núcleo mais próximo.

Tanto Alice quanto Letícia participaram do desfile.

Tanto Alice quanto Letícia participou do desfile.

10- Com a partícula "se":

a) Quando "se" for índice de indeterminação do sujeito o verbo deverá ser conjugado na 3ª pessoa do singular.

Ex. Confia-se em líderes.

Entristece-se com notícias trágicas.

b) Quando "se" for partícula apassivadora, o verbo deverá ser conjugado concordando com o sujeito da oração.

Ex. Construiu-se uma casa.

Construíram-se casas novas.

11- Com verbos impessoais: haver (sentido de existir), fazer (sentido de tempo decorrido) e verbos que indicarem fenômeno da natureza o verbo ficará na 3ª pessoa do singular.

Havia muitos arranjos na festa.

EXERCÍCIOS PARA TREINAMENTO:

QUESTÃO 01)

Fonte: https://www.instagram.com/turmadamonica/?hl=pt-br.

Com relação à frase "num tô drumindo" observa-se que:

Alternativas

a) O sujeito é inexistente.

b) O sujeito é composto.

c) O sujeito é oculto.

d) O núcleo do sujeito é "drumindo".

QUESTÃO 02) (IBADE/2024)

Acerca da concordância verbal e da concordância nominal, julgue as frases abaixo.

I. Precisa-se de assistentes administrativos.

II. Haviam cinco pessoas esperando na fila.

III. Gostaria de pedir frango e picanha bem passado.

Está(ão) CORRETA(S) a(s) seguinte(s) proposição(ões).

Alternativas

a) Apenas, III;

b) Apenas, I e III;

c) Apenas, II e III;

d) Apenas, II;

e) Apenas, I.

Comentário:

Correta. Verbo + Se+ Preposição= Índice de Indeterminação do Sujeito.

Errada. Havia é a forma correta. Verbo haver é impessoal no sentido de existir.

Errada. Quem gosta, gosta DE (Correto). O erro está em «PASSADO». Deveria ser PASSADA, pois concorda com o termo mais próximo, no caso, picanha.

QUESTÃO 03) (Consulplan/2024)

Assinale a alternativa em que ocorra erro de concordância.

a) Mais de um aluno faltou à aula hoje por motivo injustificável.

b) Elaboraram-se excelentes projetos para extinguir o trabalho infantil no país.

c) Estavam silenciosos para sempre, as almas, as vozes e os risos das crianças de rua.

d) Não se sabem os motivos que levaram a mãe a abandonar aquela criança tão pura.

Comentário:

Se o adjetivo, na função de adjunto adnominal, estiver anteposto a dois ou mais substantivos, CONCORDARÁ SEMPRE COM O MAIS PRÓXIMO

Ex.: Avistávamos ESTRANHOS homens e mulheres.

Ex.: Avistávamos ESTRANHAS mulheres e homens.

..Agora vejamos a bandidinha da questão..

Estavam silenciosos para sempre, as almas, as vozes e os risos das crianças de rua.

...seguindo a regra de ter que concordar com o mais próximo, o certo seria.

Estavam silenciosas para sempre, as almas, as vozes e os risos das crianças de rua.

Silenciosas deve concordar com «as almas»

QUESTÃO 04 (Consulplan 2024/ adaptado)

É certo que não se separam, por vírgula, elementos que têm relação sintática. No entanto, no trecho

"*Metade das coisas que eu faria se eu fosse eu, não posso contar.*" Emprega-se adequadamente o emprego da vírgula entre os termos responsáveis pelas funções de verbo e objeto. É correto dizer que o que suscitou o emprego de vírgula foi o(a):

Alternativas

a) Ordem inversa da sintaxe.
b) ocorrência de elipse verbal.
c) Isolamento do adjunto adverbial.
d) Separação da oração adjetiva de valor explicativo.

QUESTÃO 05 (ITAME/2024)

Em relação à regência dos verbos "filtrar" e "configurar" no texto a seguir, assinale a alternativa correta.

"Filtrar a informação em redes como Facebook ou em buscas no Google pode configurar nossa maneira de pensar. E esse é o problema principal, destaca a artista e pesquisadora em questões de crítica tecnológica Joana Moll: a ilusão de liberdade de escolha que muitas vezes é gerada pelos algoritmos."

Alternativas

a) **Filtrar** é intransitivo e **configurar** é transitivo direto.
b) Os dois são intransitivos.
c) O primeiro é transitivo direto e o segundo intransitivo.
d) Os dois são transitivos diretos.

QUESTÃO 06 (FUNDATEC 2024)

A incrível descoberta de Marie Tharp

Por Eder Molina

Marie Tharp nasceu nos Estados Unidos em 1920. Naquela época, as mulheres não tinham muitas opções de trabalho fora de casa. Ser cientista, então, era bem difícil. Mas Marie não se conformou e fez uma das maiores descobertas submarinas do seu tempo: desvendou o fundo do oceano na década de 1950, confirmando uma teoria científica que mudaria a história da Terra.

No início dos anos 1940, morando nos Estados Unidos, Marie estava com dificuldades em escolher o curso adequado para se formar. Naquele tempo, as profissões oferecidas para mulheres eram as de secretária, professora ou enfermeira. De nenhuma delas Marie gostava. Então, formou-se em Letras e Música.

Em 1941, os Estados Unidos entraram na Segunda Guerra Mundial. A maior parte dos homens mais jovens do país foi convocada para lutar. Alguns cursos até então oferecidos exclusivamente a eles abriram oportunidades para mulheres, e Marie conseguiu se formar em Geologia. Em seguida, conquistou uma vaga importante em uma companhia de petróleo e aproveitou para fazer também faculdade de Matemática. Trabalhar pesquisando petróleo não era sua paixão. Então, ela se mudou, em 1948, do Estado de Michigan para Nova Iorque. O famoso Museu Americano de História Natural ofereceu uma oportunidade de trabalho em paleontologia, mas, ao descobrir que extrair um fóssil de uma rocha poderia demorar mais de dois anos, Marie desistiu ___ ideia e tentou atuar como técnica de laboratório na Universidade Columbia. Por ter conhecimentos de matemática e habilidade com desenho, foi aceita e logo encontrou a profissão de sua vida: a cartografia! Queria desenhar mapas do fundo do mar.

Na época em que Marie trabalhava, pouco se conhecia a respeito da estrutura do fundo do oceano. Inicialmente, acreditava-se que fosse algo muito uniforme e plano, mas as primeiras medidas, feitas com pesos (bolas de canhão amarradas a cordas muito longas) mostraram algo bastante irregular. Então, o mundo submerso passou a ser intrigante...

Com o desenvolvimento de equipamentos como o sonar – uma espécie de aparelho de ultrassom, como os usados para ver os bebês dentro da barriga das mulheres –, foi possível investigar e registrar um pouco melhor o fundo oceânico. Muitos dados foram sendo coletados, mas precisavam de uma representação consistente. E nisso Marie se mostrou diferenciada!

Após quase uma década estudando os dados de profundidade do fundo oceânico, Marie desenvolveu uma técnica para completar os que faltavam, permitindo visualizar, de forma consistente, as estruturas existentes no fundo do mar. Assim, depois de inúmeras investigações, já se conheciam as estruturas do fundo dos oceanos, como montanhas e vales, mas algo ainda chamava a atenção: uma enorme cordilheira que serpenteava entre os continentes, indo desde o Ártico até a Antártida. Marie já havia desenhado esta cordilheira em seus mapas, mas notou algo inédito: bem no meio desta cadeia de montanhas submersa havia uma enorme rachadura. Por que a descoberta de Marie incomodava tanto? Porque ela descobriu que aquela rachadura era mais uma prova para a teoria da deriva continental, segundo a qual os continentes eram um só no passado da Terra, pois eles foram se afastando ao longo do tempo e formariam um grande quebra-cabeças, se tentássemos juntá-los novamente.

Nenhum cientista estadunidense admitia a deriva continental como um fato. Foi preciso que o renomado oceanógrafo francês Jacques Costeau, que também não acreditava na possibilidade de aquilo estar correto, fosse com seu submarino averiguar a estrutura e a apresentasse ao público, em 1959. Mesmo após a aposentadoria, a cientista seguiu trabalhando com mapas, recebendo pelo Congresso dos Estados Unidos, em 1997, o título de uma das quatro maiores cartógrafas do século XX. Marie morreu em 2006, aos 86 anos.

(Disponível em: www.chc.org.br/artigo/a-incrivel-descoberta-de-marie-tharp/ – texto adaptado especialmente para esta prova).

Considerando o emprego de preposições, combinações ou contrações para realizar a regência verbal, a lacuna tracejada da linha 17 é preenchida corretamente com:

Alternativas

a) na

b) com a

c) de a

d) à

e) da

QUESTÃO 07

Do ponto de vista da regência verbal, assinale a alternativa cujo verbo sublinhado apresenta regência diferente dos demais.

a) "Não existe, infelizmente, solução rápida, muito menos fácil."

b) "A crise sanitária gerou um dos momentos econômicos dramáticos dos últimos anos."

c) "A contagem e a identificação mais completa dos moradores ainda desafiam a política pública."

d) "[...] um censo encomendado pela prefeitura constatou que a população de rua teve um salto de 31% durante a pandemia de Covid-19, [...]"

Comentário:

o verbo existir é intransitivo, os demais são VTD

Comentário: o verbo existir é intransitivo, os demais são VTD

GABARITO	
1-C	5-D
2-E	6-E
3-C	7-A
4-A	

EIXO 4

José Antonio Branco
Valéria Isabel dos Santos

9. Colocação pronominal.. 10. Semântica. 11. Crase. 12. Análise morfossintática.. 13. Vícios de linguagem. Referências bibliográficas. 14. Figuras de linguagem. 14.1. Metáfora. 14.2. Comparação. 14.3. Pleonasmo. 14.4. Catacrese. 14.5. Onomatopeia

A proposta de trazer um trabalho abrangente, que se debruce sobre os meandros da Língua Portuguesa, interposta nas questões de concurso público, deveras se revela uma tarefa hercúlea, principalmente pelas novas dificuldades enfrentadas pelos candidatos.

Nesse sentido, por se tratar do vernáculo oficial, donde todas as outras disciplinas terão suas questões construídas, o conhecimento da Língua Portuguesa revela-se precípuo para a compreensão e a análise de questões que permeiem qualquer assunto, ainda que no âmbito de disciplina autônoma e distinta. Ao candidato que faltar um conhecimento aprofundado da Língua Portuguesa, faltarão as bases para a primeira análise das questões. Portanto, podemos cindir a resolução das questões em duas etapas complementares, ou seja, a compreensão exata do enunciado e, subsequentemente, do que se pede como resposta segundo os ditames e regras do nosso vernáculo, e a escolha da alternativa correta segundo os conhecimentos específicos da disciplina abordada, a qual poderá ser alusiva à Língua Portuguesa ou a qualquer outra matéria tema do concurso.

Portanto, pelo fato da Língua Portuguesa, de maneira óbvia e inconteste, permear todas as outras disciplinas que podem ser abordadas num concurso público, o seu estudo aprofundado, quanto a esse mister, não deve ser ignorado. Isso porquanto, as questões e alternativas comumente apresentam construções complexas, que possuem certas acepções contrárias ao aparente significado, ou mesmo confusas.

Nesse sentido, a preocupação do candidato, hodiernamente, não deve se pautar apenas em identificar uma resposta correta ou incorreta, a depender do enunciado da questão, mas muito além disso, em buscar, dentro das alternativas possíveis, a mais próxima do correto ou a mais próxima do incorreto. Isso devido ao fato de que, muitas das vezes, as questões apresentam enunciados confusos, que podem abrigar mais de uma alternativa correta ou incorreta, gerando enormes dúvidas quanto à resposta a ser escolhida.

E tendo em conta que abordamos uma fase objetiva, onde não cabe ao candidato trazer argumentos que apoiem as suas respostas, mas tão somente escolher a certa, é necessário o discernimento para o fato de que a escolha possível nem sempre será pela alternativa correta ou incorreta, mas tão somente por aquela mais próxima da correta ou da incorreta, conforme o solicitado.

Enfim, transfere-se ao candidato um peso excessivo gerado pelos erros na formulação das questões e que, portanto, devem ser sopesados na preparação para os concursos públicos. Nessa acepção, a preparação para aumentar o cabedal de conhecimentos relativos à Língua Portuguesa deve representar um papel importante no planejamento dos estudos, haja vista que esses conhecimentos serão de vital importância para um desempenho profícuo em qualquer disciplina almejada.

As questões não podem ser abordadas pura e simplesmente, sem o conhecimento necessário para a sua compreensão primária, o que gerará irremediavelmente o fracasso na segunda etapa de discernimento necessária à escolha da opção correta. Primeiro, é necessário a compreensão de todas as nuances relativas ao conteúdo textual, para que, posteriormente, apoiado nos conhecimentos específicos, se alcance a clareza da resposta correta.

Algumas formas de abordagem que podem ser citadas para a resolução de questões, primando pela busca da compreensão plena do que se pede, e evitando, aos incautos, as armadilhas que são tenuamente desenhadas nos escritos das provas de concurso, reside primeiramente na preparação prévia a partir de leituras específicas e gerais aos temas que serão enfrentados (nunca é demais enfatizar), na leitura atenciosa e reiterada da questão a ser resolvida, na inversão dos elementos do texto da questão para afloramento do seu real significado, na confiança sobre o conhecimento adquirido para evitar a insegurança quanto ao grau de dificuldade de uma questão específica, dentre outros aspectos que farão diferença na resolução de uma prova.

Assim sendo, colocando de forma mais minuciosa, as leituras prévias têm papel importante para que o candidato desenvolva o seu espírito empreendedor no âmbito da compreensão textual. Nesse diapasão, é interessante que, ao estabelecer esse planejamento, o candidato faça-o sempre a partir de uma análise crítica, buscando de forma plana e clara alcançar a compreensão do texto, a mensagem que está sendo transferida e o canal utilizado, independentemente do tipo de texto escolhido. A preparação do candidato deve preceder as especificidades do tema que será enfrentado na prova e, ademais, acampar os conhecimentos dos meandros textuais que compõem a construção da nossa Língua Portuguesa. De outra forma, ao seu livre talante, correrá o risco de perecer diante de uma prova para a qual, ainda que possua conhecimentos sobre o tema, não estará apto à compreensão, à análise e à resolução das questões.

Outro ponto que merece atenção, reside na leitura atenciosa dos enunciados das perguntas, por mais de uma vez, para que se possibilite o arrebatamento de todos os sentidos ali incutidos, quer estejam ocultos ou não, e deságue na compreensão plena do enunciado e do que se pede a partir das alternativas. Nesse sentido, a questão deve ser seccionada. Muitas das vezes, temos um primeiro texto, que traz a primeira mensagem, complementado por um segundo e procedido das alternativas que encerram de forma unitária novos núcleos de compreensão. Ainda há a possibilidade desses textos reduzidos terem sido extraídos de um texto completo e, portanto, ser necessária a análise a partir da inserção dos mesmos nesse contexto mais amplo.

Ou seja, há uma miríade de possibilidades que devem ser analisadas cuidadosamente pelo candidato, a partir de uma leitura seccionada, num primeiro momento, para a apreensão dos significados individuais, e, posteriormente, de forma una, para o afloramento do requerido pela questão. E essas etapas só serão alcançadas através de uma leitura atenta, compreensiva e repetitiva.

Não é demais frisar que essa leitura, amiúde, conservará a confiança do candidato diante de questões que, num primeiro momento, podem trazer um nível de dificuldade exacerbada, mas que, todavia, diante da compreensão exata do que é pedido, poderão ser resolvidas dentro do espectro comum do conhecimento possuído pelo mesmo.

Destarte, no decorrer deste capítulo, vamos colacionar algumas questões de Língua Portuguesa enfrentadas pelos candidatos nos últimos concursos para cargos da Polícia Civil, com o respectivo gabarito e a explanação do caminho percorrido para a consecução da resposta correta.

Ainda que tenhamos a proposta de realizarmos a abordagem desta disciplina sob a batuta dos segmentos específicos declinados no início deste capítulo, haja vista que a Língua Portuguesa, em muitos elementos, assemelha-se a um organismo vivo, pulsante e entrelaçado, vez ou outra, eventualmente, acabaremos adentrando em outros pontos da disciplina, ou deles nos socorrendo, para alcançar a completa explicação destes segmentos.

9. COLOCAÇÃO PRONOMINAL

Este tema, quiçá, esteja compreendido entre os de maior complexidade para o candidato no momento da resolução de uma prova. Colocamos em dúvida porque é difícil mensurar ou cotejar o grau de dificuldade de determinados assuntos, haja vista que muito disso depende do aspecto individual de recepção e percepção do candidato. Ainda assim, pela recorrência com que é apresentado nas provas de concurso, bem como pelas inúmeras regras que o circundam, as quais dependem da análise de outros elementos, este tema pode ser erigido como de precípua importância ao estudo daqueles que pretendem obter êxito em seus projetos.

Por óbvio, como mencionamos acima, nenhuma dificuldade é estática ou imutável, senão dependente dos esforços engendrados para o alcance do conhecimento. Nesse sentido, a colocação pronominal, desde que compreendida, não se tornará em obstáculo, mas em ponte para o alcance de outros conhecimentos afetos à Língua Portuguesa.

Mas do que se trata esse tema? Como a própria designação já identifica, alude à colocação do pronome em relação ao verbo. Ou seja, o pronome poderá ocupar uma posição precedente, de meio (exatamente partindo o verbo ao meio), ou posterior. No primeiro caso temos a próclise, no segundo a mesóclise, e no terceiro a ênclise.

É importante ter em conta que a colocação pronominal também pode ser nominada de Topologia ou Sínclise Pronominal[1], caso tais nomes sejam referidos em provas. Todavia se

1. PESTANA, Fernando. **A gramática para concursos públicos**. Teoria completa e mais de 1.300 questões comentadas. 3 ed° - Rio de Janeiro: Método, 2017. P. 410.

consubstanciam no mesmo fenômeno, mais precisamente o posicionamento do pronome em relação ao verbo que acompanha.

Aproveitando o ensejo, e estatuindo que iremos trabalhar com a premissa de que o leitor já possui os conhecimentos necessários sobre os outros tópicos que permeiam o assunto, a título de exemplo, os pronomes, haja vista que a presente obra, de forma una, intenciona abordar os principais aspectos gramaticais da Língua Portuguesa, precisamos enfatizar que esse posicionamento do pronome se refere às formas átonas.

Os pronomes átonos são as formas classificadas em:

	Singular	Plural
1ª pessoa	**Me**	**Nos**
2ª pessoa	**Te**	**Vos**
3ª pessoa	**Se**	**Lhe, lhes, o, a, os, as**

Em regra, tais formas atuam sintaticamente como complemento do verbo na sua forma própria de objeto direto ou objeto indireto. Os pronomes *o*, *a*, *os* e *as* sempre exercem a função de objeto direto (quando atuam como objeto do verbo), enquanto os pronomes *lhe* e *lhes* sempre desempenham a função de objeto indireto (quando atuam como objeto do verbo). Já os pronomes átonos *me, te, se, nos* e *vos* podem realizar as funções de objeto direto e indireto.

Além de existirem sintaticamente como objeto direto e indireto, tais pronomes também podem desempenhar outras funções nas orações, principalmente o pronome *se*, talvez o mais complexo no que tange aos papéis que eventualmente representam. Entretanto, como tal informação não influi no posicionamento dos pronomes, não vamos nos aprofundar nesse caminho, senão apenas nos ater à informação de que o tema se refere ao posicionamento dos aludidos pronomes átonos em relação ao verbo que acompanham.

Primeiro, insta pontuar a regra, ou seja, o uso enclítico do pronome átono. Dessa forma, sempre que não ocorrer uma condição específica para a utilização do pronome antes ou no meio do verbo, estaremos diante da ênclise. Isto porquanto, o pronome, na maioria das vezes, estará atuando como objeto direto ou objeto indireto, assim devendo vir posicionado de forma posterior ao verbo, por agir como complemento deste.

Todavia, ainda que possa parecer algo simples, há um vasto rol de alternativas excepcionadoras para a utilização, principalmente, da próclise. Mas iniciemos pela regra, e, nesse caso, a ênclise. São elas:

a. Quando o verbo iniciar a oração, não estando precedido de fator de atração;

   Jogue-me uma corda, e eu sairei do buraco. (na linguagem informal é muito comum usar o verbo em próclise).

b. Quando for ditado uma pausa antes do verbo, geralmente marcada pela vírgula;

   O sol despediu-se, num horizonte, noutro, entristeceu-se a lua.

c. Quando o verbo estiver no infinitivo, no gerúndio ou no imperativo afirmativo.

   Escolher-te não era uma opção, senão o único caminho possível.

   A noite se achegou silenciosa, fingindo-se desavisada.

   Calem-se todos quando eu começar a falar.

Portanto, trocando em miúdos, sempre que não tivermos nenhum fator atrativo que reposicione o pronome de forma proclítica ou mesoclítica ao verbo, estaremos diante da ênclise, quando este aparece, conforme a regra comum, após o verbo.

Abaixo trazemos uma questão para exemplificação e contextualização do tema:

(VUNESP - 2023 - PC - SP - Investigador de Polícia) Assinale a alternativa em que a frase está em conformidade com a norma-padrão de concordância e colocação dos pronomes átonos.

a) Percebe-se que, em 2020, já havia setenta anos desde que Hannah Arendt mostrou-se preocupada com as formas de autoridade que entraram em colapso.

b) Foi constatado inúmeras formas de desautorização, até mesmo das que se via nos anos 1950 e às quais Hannah Arendt se referiu.

c) Poderia-se dizer que a vida adulta, hoje, representa um problema para os que não a enfrenta com maturidade.

d) Existe sempre e em todos os tempos desafios à autoridade, em suas diversas manifestações, haja vista o que passa-se entre pais e filhos.

e) Já vão fazer décadas que a ideia de as pessoas adultarem estão se firmando nas sociedades ocidentais.

Resposta correta: A

A alternativa A trouxe o pronome se enclítico ao verbo perceber, haja vista que este inicia a oração e, portanto, não sofre nenhum fator de atração que justifique a sua utilização anterior ao verbo. Da mesma forma, a colocação do pronome se, proclítico ao verbo mostrar, encontra consonância com as regras gramaticais, haja vista que não há uma palavra atrativa diretamente anterior ao verbo. Outrossim, a concordância também está de acordo com o padrão gramatical. Dessarte, a alternativa A é a correta.

A mesóclise, cujas regras são menos expansivas, pode até parecer uma forma alienígena à nossa gramática, haja vista que não são utilizadas no dia a dia da comunicação, melhor dizendo, na linguagem conotativa. Ainda assim, são ditadas pelo padrão formal e devem ser seguidas quando da resolução de questões que abordem o tema. Nesse sentido, ocorre a mesóclise somente em duas condições:

a. Quando o verbo estiver no futuro do presente do indicativo.

O mundo mostrar-lhe-á que nada fica em vão.

b. Quando o verbo estiver no futuro do pretérito do indicativo.

A cadela latiu de alegria. Doutra forma, mostrar-lhe-ia apenas ingratidão.

Em ambos os casos, quando ocorrer algum fator que atraia o pronome, é correta a utilização da próclise. Por exemplo:

A cadela latiu de alegria. Doutra forma, não lhe mostraria gratidão.

Nessa senda, intuindo demonstrar o explanado, colacionamos a questão abaixo:

(VUNESP - 2023 - PC - SP - Escrivão de Polícia) A colocação pronominal atende à norma-padrão em:

a) Premiar é prestigiar quem tem dedicado-se de maneira significativa para o avanço de um campo do conhecimento.
b) Se reconhece, com uma premiação científica, o trabalho realizado por um pesquisador, uma equipe ou instituição.
c) Normalmente dispõe-se de alguma quantia em dinheiro, como incentivo, quando acontece uma premiação cientifica.
d) De que outra maneira se ganharia espaço no horário nobre, além dos momentos de divulgação dos vencedores do Nobel?

e) É fato que dedicam-se minutos dos telejornais do mundo, quando a academia sueca anuncia os vencedores do Nobel.

Resposta correta: D

A alternativa D está correta haja vista a utilização da próclise (pronome antes do verbo) na corrente frase. Ainda que, num primeiro momento, pudéssemos imaginar que a colocação pronominal devesse seguir as regras da mesóclise, ou seja, com o pronome posicionado no meio do verbo (ganhar-se-ia), em vista da ocorrência de fator atrativo na oração, o pronome deve ser posicionado antes do verbo[2].

O último dos três fenômenos de colocação pronominal, a próclise, é o que apresenta uma maior variedade de exceções à regra. Nesse sentido, a próclise é necessária quando houver uma palavra atrativa anterior ao verbo. Tais condições são representadas por palavras ou expressões que:

a. Tenham valor negativo;

   Eu não ***me*** *calarei diante das injustiças.*

b. Valor de exclamação ou que exprimam desejo;

   O homem ***se*** *corrompe facilmente, meu Deus!*

   Que o tempo da vida ***o*** *acalente e proteja.*

c. Pelas conjunções ou locuções subordinativas;

   "Que, se, como, à medida que, já que, para que, embora etc."

   Ele disse que lhe negariam o pedido.

---

2. PESTANA, Fernando. **A gramática para concursos públicos**. Teoria completa e mais de 1.300 questões comentadas. 3. Ed. Rio de Janeiro: Método, 2017. p. 416.

d. Pelos pronomes e advérbios interrogativos;

Qual deles te fez a pergunta?

Quando os anjos te chamaram para a Terra?

e. Pelos pronomes relativos e indefinidos;

A universidade é o caminho que se pede para as pessoas honestas.

Muitos sorriram para você, mas poucos te ajudaram.

Também pode ocorrer nos casos de:

f. Certas conjunções coordenativas aditivas e alternativas;

Ele não foi à festa, nem se lembrou do presente.

Ou você me ajuda, ou não me ajuda.

g. Com o infinitivo flexionado precedido de preposição;

Eles foram premiados por nos terem ajudado.

h. Com formas verbais proparoxítonas;

Nós os chamávamos todos os dias.

i. Nas orações que se iniciem por pronomes e advérbios interrogativos;

Qual o nome pelo qual te chamaram?

Por que você o chamou?

j. Entre a preposição *em* e o verbo no gerúndio;

Em se plantando, tudo nasce.

k. Com o numeral ambos;

Ambos te pediram socorro.

Ainda que seja tida como exceção, é perceptível que existe um rol assaz recorrente de possibilidades para a utilização pronominal antes do verbo. A título de exemplo e para fixação do tema, trazemos a questão abaixo:

(VUNESP - 2023 - PC - SP - Perito Criminal) Assinale a alternativa que atende à norma-padrão de regência e colocação pronominal.

a) Era consenso de que, com os corredores livres, aumentaria-se o risco de acidentes.
b) Se vetou a norma por ordem do presidente e optou-se ao chamado “corredor”.
c) Em duas avenidas da cidade, as faixas azuis têm mostrado-se eficientes à segurança.
d) Dividiram-se as opiniões dos especialistas, e muitos discordavam com a decisão.
e) Convém que se observe mais a eficácia da iniciativa, que deve zelar pela segurança.

Resposta correta: E

A alternativa E é a correta, porquanto a colocação pronominal apresenta-se corretamente proclítica ao verbo, isso devido a palavra atrativa que, posicionada à sua frente (que se observe). No tocante à regência verbal, os verbos também foram corretamente justapostos na frase, sem o emprego de preposições.

Noutra questão, abaixo descrita, novamente se explora o uso proclítico do pronome, com ênfase na compreensão textual e inclusão de palavra atrativa negativa:

(FUNDATEC - 2018 - PC - RS - Delegado de Polícia) Avalie as seguintes ocorrências da palavra se e as afirmações subsequentes:[3]

3. O texto para análise da questão “Os pilares da sustentabilidade: os desafios ambientais do século XXI para a iniciativa privada” está disponível na íntegra ao final do capítulo.

1. para se decompor (l. 44).[4]

2. que se dissolve na água (l. 54).[5]

I. Em ambas, ocorre próclise.

II. A inserção do advérbio NÃO imediatamente após para e que manteria a estrutura dos dois fragmentos.

III. Em ambos os casos, a palavra se funciona como conjunção integrante.

Quais estão corretas?

a) Apenas I.

b) Apenas II.

c) Apenas I e II.

d) Apenas I e III.

e) I, II e III.

Resposta correta: C

A questão faz menção aos dois trechos descritos abaixo:

"...como o plástico, acabam em lixões e aterros, onde demoram anos para se decompor."

"O material é novidade no Brasil e na América Latina e consiste em um plástico que se dissolve na água em apenas alguns segundos."

---

4. 42 Não são apenas os produtos de difícil reciclabilidade que preocupam ambientalistas, governos e 43 empresas ao redor do mundo. Mesmo materiais que já ___ processos consolidados, como o 44 plástico, acabam em lixões e aterros, onde demoram anos para se decompor.

5. 52 Soluções como o plástico hidrossolúvel ___ sido cada vez mais procuradas como um meio 53 de evitar o problema do descarte irresponsável. O material é novidade no Brasil e na América 54 Latina e consiste em um plástico que se dissolve na água em apenas alguns segundos.

Especificamente no tocante ao pronome se, são feitas três afirmações sobre a sua função nas frases. A primeira delas, de forma correta, menciona que em ambos os casos os pronomes foram usados proclíticos ao verbo. Isso devido aos termos atrativos antecedentes ao verbo (para/que).

O segundo enunciado afirma, novamente de forma correta, que a inserção do advérbio não após as palavras para e que não alteraria a estrutura da oração. Efetivamente, como o advérbio não também é fator de próclise, a estrutura sintática permaneceria intacta.

Por último, a única opção falsa é aquela que afirma que os pronomes são conjunções integrantes. Como dito, estes se classificam como pronomes e, portanto, não podem ser confundidos com conjunções.

Destarte, a alternativa C está correta por encerrar a primeira e segunda opções verdadeiras.

10. SEMÂNTICA

Ao tomarmos uma palavra, de forma singular e isolada, chegaremos a determinados significados, devidamente preenchidos por sua contrapartida formal e dispostos no vernáculo da Língua Portuguesa. Assim sendo, não existiriam dúvidas quanto à sua representação, ao seu significado, ainda que este se apresente sob mais de uma forma.

Colocando doutro modo, entrementes o fato de uma determinada palavra possuir, nos dicionários de Língua Portuguesa, também menção a sua representação de cunho figurado, quando analisada de forma isolada, torna-se impossível a apreensão de significados que transcendam ao seu aspecto formal.

A título de exemplificação, o termo *mundo*, conforme os dicionários de Língua Portuguesa, significa "o conjunto formado pelo espaço com todos os seus corpos e seres", ou "o conjunto de astros a que o sol serve de centro", ou "um globo terrestre (Terra), astro ou planeta"[6], dentre outros significados formais.

Portanto, verifica-se que as representações formais para a palavra *mundo* são análogas no sentido de descrever o mundo fisicamente, como termo sinonímico de um planeta. Todavia, existem outros significados que podem ser atribuídos à palavra *mundo*, os quais frequentemente aparecem nos dicionários sob a ressalva do termo figurado. Ou seja, seriam outras acepções que a palavra *mundo* pode desempenhar, mas que se distinguem da sua acepção formal ou primária.

Entrementes tais significados aparecerem nos dicionários, de forma isolada, somente num contexto frasal poderemos alcançar essas acepções figuradas que se atribuem a determinadas palavras. Daí podermos alterar a designação utilizada de *significado* para *sentido*, atribuído após a contextualização da palavra no bojo de um texto. A palavra isolada tem um significado primário, no entanto tem vários sentidos secundários dentro de contextos específicos.[7]

Então, voltando ao nosso exemplo inicial, e se colocássemos a palavra *mundo* no seio da seguinte frase:

O amante declarou-se a ela, com os olhos fixos e o coração gritando nos lábios: "você é o meu mundo".

Neste momento, caro leitor, a palavra *mundo* adquire outro sentido, todo ele dependente do contexto da frase, além de inúmeros outros fatores extralinguísticos, tais como a geração social

6. Disponível em: https://dicionario.priberam.org/mundo. Acesso em 07 abr. 2024.

7. PESTANA, Fernando. **A gramática para concursos públicos**. Teoria completa e mais de 1.300 questões comentadas. 3. ed. Rio de Janeiro: Método, 2017. p. 137.

a que pertencemos, a sociedade em que estamos inseridos, os valores culturais presentes na nossa Língua etc.[8] Ou seja, a apreensão do significado secundário de uma palavra depende de sua contextualização na frase, aliada com uma variedade de condições culturais, que definem o seu significado figurado para os falantes de uma determinada língua.

Já exemplificando essa utilização ambígua das palavras, trazemos uma questão para análise:

(VUNESP - 2023 - PC - SP - Investigador de Polícia) A passagem em que a palavra destacada está empregada em sentido próprio é:

a) Em vez de se preocupar com as consequências da **erosão** da autoridade adulta, esse desenvolvimento é visto como positivo… (4º parágrafo)
b) … uma atividade que muitos indivíduos biologicamente **maduros** só estejam preparados para desempenhar em tempo parcial. (3º parágrafo)
c) Em tudo além do nome a vida adulta se tornou desestabilizada, a ponto de ter se tornado **alvo** de escárnio… (3º parágrafo)
d) O impacto **corrosivo** da perda da autoridade adulta foi uma grande preocupação para a filósofa política Hannah Arendt. (4º parágrafo)
e) … do modo característico de um adulto responsável, especialmente na realização de tarefas **mundanas**, mas necessárias… (2º parágrafo)

Resposta correta: E

8. PESTANA, Fernando. Op. Cit. p. 137.

A alternativa E está correta por apreender a acepção original de ***mundanas.*** Noutras palavras, o termo designado adjetiva o substantivo ***tarefa*** para demonstrar que as tarefas realizadas são comuns, convencionais, relativas à vida. Dessa forma, ***mundanas*** foi utilizada em seu sentido próprio.

A questão em tela, de forma ímpar, vem reforçar o exemplo que havíamos proposto no início, a partir da utilização da palavra *mundo* em seu sentido figurado. Noutras palavras, à exceção da alternativa correta, todas as outras opções trouxeram os termos negritados em seu sentido secundário, fazendo-se precípuo a reprodução dos mesmos.

Nessa senda, **erosão** não aduz ao processo natural de desgaste do solo, mas tão somente às dificuldades da vida adulta e à desconstrução dos seus conceitos. Outrossim, **maduros**, distinto da sua acepção original da fase de um produto vegetal que se encontra pronto para a colheita ou o consumo, diz respeito a uma fase da vida adulta mais adiantada ou à determinada idade do ser humano. Já o termo **alvo**, também se distanciando de seus significados originais (pode ser definido como ponto ou local para onde se convergem disparos, tiros, ou ainda como um objetivo a ser almejado), abarca o sentido de perseguição. Por último, o termo **corrosivo** não trata do processo de destruição parcial ou total de determinados materiais pela ação do tempo, senão, de outra forma, estabelece um paralelo entre esse processo e o impacto da perda da autoridade, que ocorreria, portanto, de forma gradual e inexorável.

Tais palavras, percebe-se, adquirem novas matizes devido ao contexto frasal em que estão inseridas, cujos novos sentidos podem ser apreendidos pelo leitor, baseado nas variáveis culturais que se encontram previamente fixadas na sociedade. Isto quer dizer que, ainda que sejam sentidos secundários, estes já se encontram definidos na Língua Portuguesa.

Não que isso deságue num fato estanque e imutável. Muito pelo contrário, a Língua é dotada de dinamismo e vivacidade, características que comportam o surgimento de novos termos, ou novos sentidos para ternos antigos.

Destarte, a semântica cuida da significação das palavras, quer estejam isoladas ou contextualizadas.[9] A diferença entre essas duas formas pode ser representada pela diferenciação entre significado e sentido. O primeiro alude à acepção que a palavra apresenta, o último à acepção que a palavra pode apresentar.

Assim sendo, vamos a outro exemplo de questão que aborda a semântica nas provas de concurso público:

(VUNESP - 2023 - PC - SP - Escrivão de Polícia) Os gatos podem se manifestar?

Um dia, aconteceu isto: um gatito apareceu no nosso quintal. De abuso, ninguém lhe tinha convidado. Pensei em ir atirá-lo no fundo da Ilha, onde há sempre restos dos restaurantes e suficientemente longe de casa para não aprender o caminho de volta. De fome não morreria, se evitasse outras mortes. Mas ele era engraçado, sem medo do cão nem das pessoas. E o cão adotou-o. Ficou, que remédio. Cresceu. Notamos logo a diminuição de ratos no quintal, tentando entrar em casa. Um dia o gato desapareceu, deixando um vazio. Mais tarde uma gata vadia pariu no quintal, entre as plantas. Os gatitos cresceram e deixamos, na esperança de domarmos algum. Até procurávamos seduzi-los com comida, pois eram muito esquivos, medrosos ou desconfiados. Tinham as suas razões para desconfiarem dos humanos. Desapareceram também. É lógico, na vizinhança há quem não goste de

9. PESTANA, Fernando. **A gramática para concursos públicos**. Teoria completa e mais de 1.300 questões comentadas. 3. ed. Rio de Janeiro: Método, 2017. p. 137.

gatos, embora haja ratos que chegue. Havia também umas obras e parece que os trabalhadores gostam de atirar ferramentas aos bichos. Pode ser a causa. (Pepetela. Crónicas Maldispostas, 2015. Adaptado)

Considere as passagens:

- Pensei em ir atirá-lo no fundo da Ilha...
- Ficou, que remédio.
- Os gatitos cresceram e deixamos, na esperança de domarmos algum.

As passagens permitem, correta e respectivamente, as seguintes interpretações:

a) o narrador pretendia se livrar rapidamente do gato; o narrador mostrou-se incomodado com a presença do gato; o narrador queria desaparecer com os gatinhos.

b) o narrador pretendia exterminar o gato longe de sua casa; o narrador estranhou a permanência do gato; o narrador via outro gato como opção ao desaparecido.

c) o narrador pretendia deixar o gato onde havia alimentos; o narrador aceitou a situação com resignação; o narrador queria outro gato como animal de estimação.

d) o narrador pretendia deixar o gato livre para viver na ilha; o narrador ficou doente com a presença do gato; o narrador queria conter a violência dos gatinhos.

e) o narrador pretendia garantir o bem-estar do gato; o narrador sensibilizou-se com a opção do gato; o narrador queria acabar com os gatinhos, por saudade do desaparecido.

Resposta correta: C

A questão respectiva exige que se faça uma análise contextual das frases para a completa apreensão dos sentidos inferidos.

Na mesma senda, as expressões "atirá-lo", "que remédio" e "domarmos" não foram utilizadas no sentido próprio, senão numa acepção figurada em que encampam, respectivamente, mudá-los de lugar, resignação e criação doméstica de animais.

Posto isso, basta buscar dentre as alternativas aquela que se adequa de forma mais fiel ao sentido exposto pelo narrador. A alternativa C, destarte, tem propostas análogas às mencionadas.

Em outras palavras, quando o narrador disse que iria atirar o gato no fundo da ilha, próximo aos restaurantes e longe de casa, pretendia apenas levá-lo a outro local, onde houvesse comida e o animal não conseguisse voltar para a sua casa. A segunda frase "ficou, que remédio" demonstra resignação ao fato do gato ter ficado. Por último, quando disse que queria "domar outro gato", apenas expressou o desejo de ter um novo animal de estimação.

Insta mencionar ainda que, em alguns casos, mesmo analisado de forma individual, um vocábulo pode ter mais de um significado, em consonância com inúmeros fatores gramaticais. A título de exemplo podemos citar o rol trazido por Fernando Pestana:

– a **acentuação gráfica/prosódia**: **sá**bia (mulher culta) e sabiá (ave);

– a **posição da sílaba tônica**: fab**ri**ca (paroxítona; forma do verbo fabricar) e **fá**brica (proparoxítona);

– o **timbre**: **mo**lho (/ô/; caldo) e **mo**lho (/ó/; conjunto de objetos unidos);

– o **número**: a letra (símbolo gráfico) e a**s** letra**s** (literatura);

– o **gênero**: **a** rádio (emissora) e **o** rádio (aparelho);

– o **acento grave** (crase): "Chegou **a** noite." (A noite chegou.) e "Chegou à noite." (Alguém chegou à noite.);

– a **posição de certas palavras**: **qualquer** mulher (alguma mulher) e mulher **qualquer** (mulher sem valor) / "Eu preciso aprender a ser **só**, e não a **só** ser." (sozinho/somente);

– o **contexto da conjunção**: "Nós estudamos, **mas** não passamos." (adversidade, oposição) e "Não só jogo vôlei, **mas** faço natação." (adição);

– o **contexto da preposição**: "**Para** mim, ele é um canalha." (opinião) e "Não dá **para** sair hoje." (possibilidade);

– o **contexto do advérbio**: "Fale **mais**!" (intensidade) e "Não fale **mais**!" (tempo);

– a **pontuação**: "Ele voltou logo**,** fiquei feliz." (vírgula depois de logo, ideia de tempo) e "Ele voltou**,** logo fiquei feliz." (vírgula antes de logo, ideia de conclusão);

– a **regência**: "João sempre **implica com** ela." (zombar) e "Ela **implicou em** um assalto o namorado." (envolver).[10]

Como visto, ainda que seja verossímil a análise de sentido para os termos tomados singularmente, o contexto sempre será de importância precípua para auxiliar nessa identificação. A frase, analisada sob uma perspectiva macro, sempre retornará mais informações do que a palavra tomada singularmente.

Abaixo trazemos outro exemplo de questão acostada na perspectiva semântica da frase:

(VUNESP - 2023 - PC - SP - Perito Criminal) Sinal verde à faixa azul

Na sua concepção original, o Código de Trânsito Brasileiro proibia motocicletas de circular entre as fileiras de carros. Mas,

10. PESTANA, Fernando. **A gramática para concursos públicos**. Teoria completa e mais de 1.300 questões comentadas. 3. ed. Rio de Janeiro: Método, 2017. p. 142.

por ordem do então presidente Fernando Henrique Cardoso, a norma foi vetada e liberou-se o chamado “corredor”.

À época, a decisão dividiu especialistas – afinal, por questões de segurança, o desenho inicial determinava que as motos rodassem nas faixas, atrás dos demais veículos.

Com os corredores livres, o risco de acidentes cresceria consideravelmente; sem isso, entretanto, a agilidade das duas rodas, principalmente nos centros urbanos, seria afetada. Os obstáculos para fiscalizar eventuais infrações eram outro complicador. Ainda em fase de testes, as faixas exclusivas para motos, criadas na cidade de São Paulo, são um alento diante desse morticínio. Pintadas de azul para delimitar a distância entre um carro e outro, as duas vias em operação completaram um ano e nove meses sem registrar óbitos desde o início da experiência. É auspiciosa, pois, a liberação das faixas azuis por parte da Secretaria Nacional de Trânsito em mais dez avenidas – outras quatro tiveram a autorização renovada, mas ainda não estão em funcionamento. A eficácia da iniciativa decerto exige mais observação, mas já atrai o interesse de outras cidades do país. Políticas como essa devem vir acompanhadas de campanhas educativas, rígida fiscalização e, sobretudo, respeito às leis de trânsito – por motociclistas ou motoristas. (Editorial. Folha de S.Paulo, 02.10.2023. Adaptado)

No título do texto, a expressão “Sinal verde” está empregada em sentido:

a) figurado, indicando discrepância com a liberação das faixas azuis.

b) próprio, indicando questionamento à liberação das faixas azuis.

c) figurado, indicando concordância com a liberação das faixas azuis.

d) figurado, indicando perplexidade com a liberação das faixas azuis.

e) próprio, indicando assentimento à liberação das faixas azuis.

Resposta correta: C

A questão faz referência ao título do texto, que brinca com duas expressões similares, ou seja: **sinal verde** e **faixa azul**. Ambas pertencem a um mesmo grupo, mais precisamente os termos designativos que compõem itens relativos ao trânsito urbano. Todavia, a semelhança termina aí, porquanto as expressões são utilizadas em sentido distinto, ou seja, o primeiro deles no sentido secundário, figurativo, enquanto o último é empregado na sua acepção original.

Em outras palavras, a expressão sinal verde não faz alusão direta à sinalização contida num semáforo urbano, responsável pelo controle de tráfego. Mas apenas de forma indireta, num sentido figurado, que, por convenção, entende-se pela liberação de algo para que prossiga. Aqui não nos referimos a veículos, mas a qualquer coisa que se entenda que deva continuar ou prosseguir. No texto, e pelo título do texto, a referência é em relação ao projeto das faixas exclusivas para circulação de motos, pintadas e denominadas de faixas azuis. Portanto, a segunda expressão, faixas azuis, foi utilizada em seu sentido próprio.

A compreensão que temos, portanto, conforme o título do texto, é de que o projeto das faixas azuis tem que prosseguir, tem que continuar.

Nesse sentido, a única opção correta seria a alternativa C, posto que a expressão sinal verde está empregada em sentido figurado e expressa concordância à liberação das faixas azuis.

11. CRASE

Em termos simples, a crase trata-se da fusão de duas vogais idênticas, representadas, na primeira parte dessa equação, pela preposição **a**, e na segunda parte, pelo artigo feminino **a,** pela vogal inicial de determinados pronomes demonstrativos ou do pronome relativo **a qual.**

Por óbvio, existem outras variáveis que precisaremos ter em vista no estudo da crase, mas, para colocá-la de forma plana e desmistificada, é necessário apenas nos atentarmos para essa equação simples. Em outras palavras, quando inexistir a possibilidade da fusão das duas vogais análogas (a+a), por inexistência da preposição **a**, no primeiro fronte, ou do artigo feminino/pronome demonstrativo/pronome relativo no segundo, a crase será incabível na frase.

Destarte, fixado esse primeiro princípio, é de bom alvitre desenvolvermos as alternativas gramaticais que podem suscitar o aparecimento de duas letras "**as**", contíguas e vizinhas, na frase. Segundo Fernando Pestana[11], existem quatro possibilidades disso ocorrer:

a (preposição)	+ a (s) (artigo)	= à (às)
a (preposição)	+ a (s) (pronome demonstrativo)	= à (às)
a (preposição)	+ aquele (s), aquela (s), aquilo (pronome demonstrativo)	= àquele(s), àquela(s), àquilo
a (preposição)	+ a qual, as quais (pronome relativo)	= à qual, às quais

Como qualquer outro tópico da Língua Portuguesa, também a utilização do **a** craseado pressupõe conhecimento sobre vários outros elementos da gramática. Para dissecarmos a primeira

11. PESTANA, Fernando. **A gramática para concursos públicos**. Teoria completa e mais de 1.300 questões comentadas. 3. ed. Rio de Janeiro: Método, 2017. p. 1107-1108.

opção disponível no quadro acima, precisamos ter conhecimento sobre a utilização dos artigos e dos complementos verbais exigidos pelo verbo. Este último, por exemplo, haja vista que o primeiro elemento da crase sempre é representado pela proposição **a,** deverá ser analisado em todas as questões envolvendo a utilização da crase.

Para deixar ainda mais claro, o candidato sempre terá que se perguntar: "O verbo exige a preposição **a** para se conectar ao seu complemento?" Caso a resposta seja verdadeira, cabe analisar a segunda coluna do quadro exposto acima. Do contrário, a crase não ocorrerá, independentemente da variável resultante à análise da segunda coluna.

Uma forma prática de tentar chegar a essa resposta (exigência da preposição) pode ser feita através da realização de uma pergunta chave, utilizando o próprio verbo analisado. Vejamos abaixo um exemplo com a frase:

"O sonhador chegou à cidade dos anjos".

*"Quem chega, chega **a** algum lugar"*. Portanto, o verbo *chegar* exige a preposição **a** como conector para ligar-se ao seu complemento.

E para solucionar a segunda parte, melhor dizendo, o emprego do artigo feminino **a**, podemos trocar a palavra feminina cidade por outra de natureza masculina e verificar se esta vai trazer o artigo masculino **o**. Por exemplo: *"O sonhador chegou a**o** porto da Terra Santa"*.

Portanto, no caso, temos a incidência da crase pela fusão da preposição **a,** mais o artigo feminino **a.**

Cabe lembrar que as técnicas ensinadas não são infalíveis, mas trazem, na grande maioria dos casos, respostas corretas.

Outro ponto a ser observado é que o substantivo que demanda o artigo feminino pode vir implícito, precedendo outro de natureza masculina.

Para exemplificar a ocorrência dessa primeira fusão, entre preposição e artigo, trazemos uma questão abaixo:

(VUNESP - 2023 - PC - SP - Escrivão de Polícia) Ouvi agora dizer, os gatos do bairro, cansados da perseguição __________ saldada em desaparecimentos constantes, querem preparar uma manifestação de protesto, reivindicando direito __________ vida. Será no largo em frente da nossa casa, acabado de inaugurar? Se a manifestação gatil for com a habitual gritaria __________ numa chatice, pensei eu. Basta um casal nos seus jogos de amor para não nos deixar dormir, que seria de um __________ de vinte ou trinta gatos adultos cheios de adrenalina? Trocamos impressões em casa sobre a posição a tomar, no caso de haver mesmo manifestação. Soltamos os cachorros domésticos? Chamamos a Brigada Canina, composta por elementos mais aptos __________ contornar situações semelhantes? Metemos rolhas nos ouvidos e deixamos andar? Liberais, optamos pela última posição. (Pepetela. Crónicas Maldispostas, 2015. Adaptado)

Em conformidade com a norma-padrão, as lacunas do texto devem ser preenchidas, correta e respectivamente, com:

(A) contumas ... a ... redundara ... concerto ... em

(B) contumaz ... à ... redundará ... concerto ... a

(C) contumas ... à ... redundará ... conserto ... de

(D) contumaz ... a ... redundará ... conserto ... à

(E) contumás ... à ... redundara ... conserto ... de

Resposta correta: B

A questão em tela exige uma resposta a respeito de cinco lacunas a serem preenchidas, demandando conhecimentos múltiplos da Língua Portuguesa, mais precisamente do léxico, do emprego da crase, do tempo verbal e da regência nominal.

Analisando por partes, a primeira lacuna tem duas palavras como opção de preenchimento, todavia, como ***contumas*** inexiste em nosso vernáculo[12], apenas o verbete ***contumaz*** poderia preenchê-la de forma correta.

A segunda lacuna nos brinda com a dúvida da crase, inserida na oração "reivindicando direito à/a vida". Como a crase pode tratar-se da contração do artigo feminino ***a*** com a preposição ***a***, uma simples troca da palavra feminina ***vida*** por um termo masculino espantaria qualquer dúvida no tocante a sua aplicação.

Exemplificando: "reivindicando direito ao trabalho". Como a palavra masculina exigiu o artigo, também o fará a palavra feminina, ocasionando a crase.

A terceira lacuna exige conhecimento sobre a conjugação do verbo redundar concomitantemente à análise do texto. Em outras palavras, o escritor, ao empregar o verbo redundar, o fez com a intenção de prever uma ação que se passará no futuro. Assim sendo, a escolha correta recai sobre redundará (com acento), conjugado na terceira pessoa do singular do futuro do presente. Do contrário (com a utilização de redundara), estaríamos remetendo ao tempo verbal pretérito mais-que-perfeito.

A quarta lacuna aborda a diferença entre as palavras concerto e conserto, novamente requerendo uma análise da oração no bojo do texto. Nesse diapasão, como o texto alude de forma figurada ao barulho que os gatos fariam, o termo correto é concerto, palavra que designa uma peça musical[13].

Para resolver a última lacuna basta substituir os termos propostos e verificar qual deles mantém o sentido da frase. Exemplificando: "aptos a/de/em contornar situações semelhantes". Aptos,

---

12. Disponível em: https://michaelis.uol.com.br/moderno-portugues/busca/portugues-brasileiro/constumas/. Acesso em 13 mar. 2024.
13. Disponível em: https://michaelis.uol.com.br/moderno-portugues/busca/portugues-brasileiro/constumas/. Acesso em 13 mar. 2024.

portanto, pede regência nominal de valor preposicional ***a*** ou ***para***. Dentre as alternativas, a preposição ***a*** é a correta.

A segunda alternativa de crase, conforme mencionamos no quadro, alude à junção da preposição **a**, mais o pronome demonstrativo **a**. Mas dessa combinação surge uma pergunta: Quando o vocábulo **a** pode ter função de pronome demonstrativo? Segundo Pestana[14], tão somente quando anteceder o pronome relativo **que** ou a proposição **de**. Nesses casos poderá ser substituído pelo pronome equivalente **aquela**. Por exemplo:

A fakenews se referia à *(pode ser substituído por **aquela**) que foi candidata a presidente.* (observe que o pronome demonstrativo **a** é seguido pelo pronome relativo **que**).

Para o estudo da preposição aplicamos a mesma regra já explicada: "Quem se refere, se refere **a** (preposição) alguma coisa".

A terceira via de ocorrência da crase apresenta-se pela fusão da preposição **a** com os pronomes demonstrativos **aquele(s), aquela(s), aquilo(s)**. Como aqui o vocábulo **a** é parte integrante da própria palavra, ou seja, dos respectivos pronomes demonstrativos, não será o caso do surgimento de quaisquer dúvidas quanto a esse mister.

Dessarte, a preocupação deve recair sobre o primeiro elemento, em outras palavras, a necessidade, ou não, da preposição **a**.

O palestrante explicou somente àqueles que o ouviam... mas quantos o ouviam naquele lugar infernal?

Quem explica, explica alguma coisa **a** (preposição) alguém.

Quem explica, explica **a** (preposição) alguém.

14. PESTANA, Fernando. **A gramática para concursos públicos**. Teoria completa e mais de 1.300 questões comentadas. 3. ed. Rio de Janeiro: Método, 2017. p. 1108.

Portanto, no exemplo, **àqueles** recebe a crase pelo ato de junção da preposição **a**, exigida pelo verbo explicar, à vogal inicial do pronome **aqueles**.

Para melhor contextualização e fixação do tema, trazemos abaixo a questão respectiva:

(VUNESP - 2023 - PC - SP - Investigador de Polícia) A igualação e a desigualdade

A ditadura da sociedade de consumo exerce um totalitarismo simétrico ao de sua irmã gêmea, a ditadura da organização desigual do mundo.

A maquinaria da igualação compulsiva atua contra a mais bela energia do gênero humano, que se reconhece em suas diferenças e através delas se vincula. O melhor que o mundo tem está nos muitos mundos que o mundo contém, as diferentes músicas da vida, suas dores e cores: as mil e uma maneiras de viver e de falar, crer e criar, comer, trabalhar, dançar, brincar, amar, sofrer e festejar que temos descoberto ao longo de milhares e milhares de anos.

A igualação, que nos uniformiza e nos apalerma, não pode ser medida. Não há computador capaz de registrar os crimes cotidianos que a indústria da cultura de massas comete contra o arco-íris humano e o humano direito à identidade. Mas seus demolidores progressos saltam aos olhos. O tempo vai se esvaziando de história e o espaço já não reconhece a assombrosa diversidade de suas partes. Através dos meios massivos de comunicação, os donos do mundo nos comunicam a obrigação que temos todos de nos contemplar num único espelho, que reflete os valores da cultura de consumo.

Quem não tem não é: quem não tem carro, não usa sapato de marca ou perfume importado está fingindo existir. (Eduardo Galeano, De pernas pro ar: a escola do mundo ao avesso)

Assinale a alternativa em que o trecho destacado pode ser substituído pelo que está entre colchetes, segundo a norma-padrão de emprego do sinal indicativo de crase.

a) Não há computador ***capaz de registrar os crimes cotidianos***... [hábil à registrar os crimes cotidianos]

b) ... comete contra o arco-íris humano e o humano ***direito à identidade***. [direito à alguma identidade]

c) A ditadura da sociedade de consumo exerce um totalitarismo ***simétrico ao de sua irmã gêmea***... [proporcional àquele de sua irmã gêmea]

d) ... num único espelho, que ***reflete os*** valores da cultura... [dá visibilidade à certos valores da cultura]

e) A maquinaria da igualação compulsiva atua ***contra a mais bela energia*** do gênero humano... [contrariamente à toda bela energia]

Resposta correta: C

A resposta correta é a alternativa C, porquanto é possível a contração da preposição ***a*** com o pronome ***aquele***. Na frase, o termo proporcional exige o acompanhamento da preposição ***a***, que se contrai com o pronome ***aquele***, ocasionando a crase.

As outras alternativas estão incorretas pela ausência de correspondência do segundo termo, ou seja, as palavras utilizadas (pronomes, verbos) não são acompanhadas pelo artigo feminino ***a***, o que não acarreta o fenômeno da contração e descaracteriza a utilização da crase.

A última possibilidade de ocorrência da crase apoia-se na junção da preposição **a** com o pronome relativo **a qual**. Isto ocorre quando o verbo, que vier depois do pronome relativo, exigir a preposição como conector para o seu complemento. Dessa forma, nesses casos específicos, a preposição exigida pelo verbo deve ser colocada antes do pronome relativo, ocasionando a crase.

A recompensa à qual tinha direito lhe foi paga pelo governo.

Quem tem direito, tem direito **a** (preposição) alguma coisa.

Doutra forma, mas plenamente em coesão às regras explanadas, existem algumas situações em que a crase é obrigatória, outras em que é proibida. Vamos a elas.

O acento grave indicativo da crase deve ser aposto (sempre) nas:

Locuções adjetivas, adverbiais, conjuntivas e prepositivas com núcleo feminino. Como exemplo podemos trazer:

À queima-roupa, à vela, à vista, à esquerda, à direita, às claras, às escuras, à espreita de, à guisa de, à medida que, à proporção que etc.

De forma diametralmente oposta, a crase é terminantemente proibida antes de substantivos masculinos, substantivos utilizados em sentido generalizador (mesmo os femininos) e quando estes venham precedidos do artigo indefinido **uma.** Aqui a regra se explica pela falta de correspondência do segundo elemento, ou seja, não cabe o artigo definido **a** antes dos substantivos, impossibilitando a ocorrência da crase.

Outros casos proibitivos[15]:

Antes do nome de nossa senhora, do nome de Santas ou de mulheres célebres (exceções: as formas de tratamento senhora, senhorita, dona, dama, madame, doutora etc.);

Antes de pronomes pessoais;

Antes de pronomes relativos (exceção: a qual);

Antes de pronomes demonstrativos (exceções: aquele(s), aquela(s), aquilo, mesma(s), própria(s) e tal);

---

15. PESTANA, Fernando. **A gramática para concursos públicos**. Teoria completa e mais de 1.300 questões comentadas. 3. ed. Rio de Janeiro: Método, 2017. p. 1112.

Antes de pronomes indefinidos (exceções: pouca(s), muitas, demais, outra(s) e várias);

Antes de pronomes interrogativos;

Antes de numerais não determinados por artigos;

Antes de verbo no infinitivo;

Entre palavras repetidas que formam uma locução (dia a dia).

Por último, em algumas situações, existe a possibilidade de se realizar uma escolha entre utilizar, ou não, a crase:

Antes de pronomes possessivos adjetivos femininos (aqueles que acompanham o substantivo); depois da locução prepositiva *até a;* antes de nomes próprios femininos. Cabe lembrar que a possibilidade (ou não) da crase dependerá do verbo pedir a preposição **a** como conector para o seu complemento. Só a partir dessa ocorrência se pode optar (ou não) pela crase.

Destarte, vamos colacionar abaixo mais uma questão para fixação do tema desenvolvido.

(FUNDATEC - 2018 - PC - RS - Delegado de Polícia) Levando em conta a necessidade do uso da crase, avalie as afirmações que seguem:[16]

I. Nas lacunas tracejadas das linhas 02 e 03, o uso de à é obrigatório.[17]

II. Nas lacunas tracejadas das linhas 09 e 38, o uso de à é utilizado considerando-se que atende às duas condições suficientes

16. O texto para análise da questão "O meio ambiente e a sustentabilidade" está disponível na íntegra ao final do capítulo.
17. As graves 02 alterações climáticas, as crises no fornecimento de água devido ___ falta de chuva, __ destruição 03 dos mananciais e ___ constatação clara e cristalina de que, se não fizermos nada para mudar, o 04 planeta será alterado de tal forma que a vida como a conhecemos deixará de existir.

e necessárias - a regência do verbo visar e o fato de que os termos pospostos às lacunas permitirem o uso do artigo feminino - para o uso da crase.[18]

III. Na linha 18, o uso da crase na lacuna tracejada é obrigatório em virtude da regência do verbo reduzir (l. 18).[19]

Quais estão corretas?

a) Apenas I.

b) Apenas II

c) Apenas I e II.

d) Apenas II e III.

e) I, II e III.

Resposta correta: C

A questão em tela exige conhecimentos sobre a utilização da crase no âmbito da análise textual apresentada. No que tange a opção I, ocorre uma aparente ambiguidade quanto à utilização ou não da crase. Nesse sentido, o trecho solicitado "As graves alterações climáticas, as crises no fornecimento de água devido ___ falta de chuva, __ destruição dos mananciais e ___ constatação clara e cristalina de que, se não fizermos nada para mudar, o planeta

---

18. A conclusão, praticamente unânime, é de que políticas que 09 visem __ conservação do meio ambiente e __ sustentabilidade de projetos econômicos de 10 qualquer natureza devem sempre ser a ideia principal e a meta a ser alcançada para qualquer 11 governante.

    E que só com práticas e 38 **ações que visem __ sustentabilidade dessas práticas, estará garantindo uma vida melhor e mais** 39 satisfatória, para ela mesma, e para as gerações futuras.

19. 18 Assim, reduzindo-se os desperdícios, os despejos de esgoto doméstico nos rios e __ 19 demais práticas ambientais irresponsáveis, os danos causados ao meio ambiente serão 20 drasticamente minimizados e a sustentabilidade dos assentamentos humanos e atividades 21 econômicas de qualquer natureza estarão asseguradas.

será alterado de tal forma que a vida como a conhecemos deixará de existir" possui três lacunas a serem preenchidas. Na primeira delas resta indubitável que o ***a*** deverá receber a crase, posto que o termo devido exige o complemento por preposição ***a***. Concomitante a isso, o substantivo subsequente ***falta*** também carrega o artigo feminino ***a***, os quais deverão ser contraídos em crase.

As outras lacunas, todavia, ainda que se atente para o contexto em que estão inseridas, levantam uma dúvida substancial quanto ao uso ou não da crase. Isso porquanto o texto não é claro o suficiente para delimitar se "___ destruição dos mananciais" e "___ constatação clara e cristalina..." complementam e seguem o termo ***devido***, da mesma forma que "a falta de chuva", ou se simplesmente são características enumeradas, em igual partida à frase "a falta de chuva". No primeiro caso (conforme gabarito da prova), teríamos a ocorrência da crase nas duas lacunas. No segundo caso, a crase não ocorreria pela ausência da preposição ***a***.

A opção II, a qual traz os trechos "visem __ conservação do meio ambiente e __ sustentabilidade de projetos econômicos" e "ações que visem __ sustentabilidade dessas práticas" para análise, receberão crase obrigatoriamente pela contração da preposição ***a***, regida pelo verbo ***visar*** (objetivam)[20], com os artigos femininos inerentes aos termos femininos conservação e sustentabilidade.

A opção III está incorreta pela afirmação inverídica de que o verbo reduzir exige a preposição ***a***, visto que, com o sentido de diminuir, este comporta apenas complemento transitivo direto ou direto e indireto[21]. Outrossim, o termo subsequente se encontra no plural, o que impossibilitaria a ocorrência da crase.

20. Disponível em: https://michaelis.uol.com.br/moderno-portugues/busca/portugues-brasileiro/constumas/. Acesso em 13 mar. 2024.
21. Disponível em: https://michaelis.uol.com.br/moderno-portugues/busca/portugues-brasileiro/constumas/. Acesso em 13 mar. 2024.

De tal forma, conforme o enunciado, apenas as assertivas I e II são verdadeiras. Em conclusão, a alternativa C é a correta.

12. ANÁLISE MORFOSSINTÁTICA

A morfossintaxe alude a dois pontos cruciais e extensos do estudo gramatical, mais precisamente a análise das palavras tomadas de forma isolada ou no âmbito do contexto frasal. No primeiro caso temos a morfologia, no segundo a sintaxe. E pela união das duas, a morfossintaxe.

Portanto, trocando em miúdos, a análise morfossintática de um texto reside na identificação da função das palavras, tanto individualmente quanto em conjunto com os outros vocábulos.

E aqui vai uma analogia para contextualização do tema: Imagine uma pessoa, dotada de funções comuns, tais como, marido/esposa, profissional da tecnologia, pai/mãe etc. Agora tome essa mesma pessoa exercendo funções dentro de determinados grupos, tais como uma função específica dentro da sua equipe de trabalho, uma função específica no grupo de esporte do qual participa, uma função no grupo musical etc. Enfim, tanto quanto as palavras, podemos ser analisados, segundo nossas funções diárias, individualmente ou como parte de um grupo, onde cada participante desempenha determinado papel. E a análise, sob um ou outro prisma, não nos anula no âmbito das demais funções exercidas.

Pondo doutra forma, tudo se trata apenas do viés pelo qual a análise será feita. Em outras palavras, o termo, individualmente, não perde o seu valor quando atua de forma concomitante aos outros elementos da frase. Da mesma forma que uma pessoa não deixa de ser mãe/pai quando desempenha as tarefas vinculadas ao grupo de prática de esporte.

O que difere, no entanto, é o inter-relacionamento com outros elementos, ou a sua ausência. No grupo, a função é diretamente integrada aos outros componentes. As relações são interdependentes. Em resumo, num esporte de grupo, ninguém joga sozinho, e todos necessitam desempenhar certas funções.

É importante ter em mente, inclusive, que a análise individual de uma classe de palavras, muitas das vezes, vai dar "pistas" quanto à função desta no interior da frase. Portanto, a análise morfológica e a análise sintática estão enredadas num mesmo destino, que não deve ser desprezado pelo candidato ao resolver uma questão, muito pelo contrário, deve ser sopesada e tratada como fator importante para a resolução.

Mas sob o ponto de vista morfológico, quais são as classes de palavras? E sob o prisma da sintaxe, como elas se classificam?

Em tempo, antes de responder essas perguntas, fazemos uma ressalva para esclarecer que neste capítulo não adentraremos nos temas respectivos, mas apenas os citaremos, haja vista que já foram explicitados noutros capítulos dessa obra, cabendo, aqui, apenas uma visão geral do que se entende pela análise morfossintática.

Doutro modo, incorreríamos em explicações que já foram alçadas diante do leitor, causando repetições desnecessárias. Dessa forma, para resolução e acompanhamento das questões trazidas neste capítulo, faz-se necessário a leitura dos outros capítulos da obra que tratam da análise das palavras morfologicamente e sintaticamente.

Portanto, dentro do assunto inferido, trazemos abaixo uma questão para resolução:

(VUNESP - 2023 - PC - SP - Escrivão de Polícia) Ao menos mil agentes, entre policiais e militares, entraram, neste sábado (30.09), em Durán, cidade vizinha a Guayaquil e foco da violência do crime organizado no Equador, informaram as autoridades. Fortemente armados, os agentes fizeram batidas em residências e percorreram as empoeiradas ruas de bairros pobres em busca de armas, explosivos e drogas. Durante a operação, foram encontrados fuzis, revólveres, cerca de 1.500 munições, coletes à prova de balas e explosivos, segundo um balanço das Forças Armadas. O presidente equatoriano, Guillermo Lasso, acompanhou com atenção o início das operações e fez um apelo aos agentes para que usassem as armas contra as quadrilhas, um mal crescente no país, juntamente com o narcotráfico. "Usem a arma contra os violentos, contra os que acharam que este cantão é território de máfias, de grupos criminosos organizados", disse o presidente. O ministro do Interior, Juan Zapata, disse que na última semana ocorreu um "pico altíssimo de mortes violentas", mas que estas diminuíram de 36 a 7 (por semana) com a presença da polícia e dos militares. O ministro explicou que "95% das mortes são (causadas pela) violência criminosa" em Durán. Além disso, entre janeiro e setembro, 16 policiais foram mortos e 30 ficaram feridos por armas de fogo, segundo a unidade policial da zona 8, que abrange as cidades de Guayaquil, Durán e Samborondón, no sudoeste do país. (https://www.em.com.br, 30.09.2023. Adaptado)

Na oração "... informaram as autoridades." (1o parágrafo), a expressão "as autoridades" exerce a mesma função sintática que a destacada em:

a) "Usem a arma contra ***os violentos***..."

b) ... segundo um balanço das ***Forças Armadas***.

c) O ministro do Interior, ***Juan Zapata***, disse...

d) ... acompanhou ***o início das operações***...

e) ... ocorreu um ***"pico altíssimo de mortes violentas"***...

Resposta correta: E

Na questão em tela, antes de se buscar a alternativa correta, faz-se necessário delimitar a função sintática do termo ***as***

autoridades. Entretanto, se o candidato se pautar numa análise sumária, baseada apenas no enunciado da questão, provavelmente incorrerá em erro, haja vista que, conforme analisado fora de contexto, o termo ***as autoridades*** aparece como complemento do verbo informaram, o qual flexionado na terceira pessoa do plural não comporta um sujeito.

Nesse sentido, a frase explanada: "...informaram as autoridades".

Já que o verbo ***informar***, no caso, é transitivo direto e indireto, o termo ***as autoridades*** funcionaria como seu objeto direto.

Quem informa, informa alguma coisa (objeto direto) a alguém (objeto indireto). Ou informa alguém (objeto direto) de alguma coisa (objeto indireto).

Por óbvio, tal análise seria possível apenas ao tomar a frase fora de contexto.

De outra forma, ao contextualizarmos a frase no âmbito do texto, o objeto de análise será:

"Ao menos mil agentes, entre policiais e militares, entraram, neste sábado (30.09), em Durán, cidade vizinha a Guayaquil e foco da violência do crime organizado no Equador, informaram as autoridades."

Desse outro prisma, é possível verificar que o termo ***as autoridades*** atua como sujeito da oração, ou seja, foram as autoridades que relataram os fatos sobre a entrada dos agentes, policiais e militares na cidade de Durán, e não o oposto. Portanto, quando analisamos a frase "...informaram as autoridades" no seio do texto ao qual pertence, e não de forma isolada, percebemos que a ordem sintática dos elementos foi invertida, ou seja, o complemento do verbo foi posto em primeiro lugar, precedido do verbo e, por último, do sujeito.

Essa inversão pode ocasionar o erro na análise dos termos, caso seja realizada de forma descontextualizada.

Realizada a primeira etapa de identificação do termo sintático a ser cotejado, necessitamos localizar, portanto, dentre as alternativas possíveis, aquela cujo termo negritado aloca o sujeito da oração, ou melhor dizendo, o termo sobre o qual se declara alguma coisa[22].

Dessarte, dos termos realçados, tão somente "pico altíssimo de mortes violentas" corresponde à classe sintática almejada, ou seja, atua como sujeito da oração. Percebemos que os outros termos não realizam ou sofrem a ação do verbo com os quais se relacionam.

No mesmo diapasão, é importante pontuar que "pico altíssimo de mortes violentas" é sujeito do verbo ***ocorreu***. Isso porquanto, dentro do período composto, a oração "ocorreu um pico altíssimo de mortes violentas" age como complemento do verbo ***dizer***.

A resolução da respectiva questão vem a calhar para exemplificar que os termos da oração, quando analisados sintaticamente, tem uma ordem comum, uma sequência, que, em regra, devem obedecer. Nesse sentido, podemos colocá-los da seguinte forma: sujeito, verbo, complemento e adjunto. Esses grupos principais de palavras são denominados Sintagmas.[23]

É importante sempre enfatizar, visando uma total compreensão do texto, que, quando tais elementos se encontrem invertidos, a sua realocação para a posição padrão sempre trará ganhos para o candidato no tocante à identificação das funções de cada uma das palavras analisadas.

---

22. BEZERRA, Rodrigo. **Nova Gramática da Língua Portuguesa para Concursos**. 7º: Forense – Rio de Janeiro; São Paulo: Método, 2015.

23. PESTANA, Fernando. **A gramática para concursos públicos**. Teoria completa e mais de 1.300 questões comentadas. 3. ed. Rio de Janeiro: Método, 2017. p. 759.

Nessa senda, retomando a pergunta feita anteriormente, e respondendo-a, os termos componentes da oração podem ser classificados em essenciais (sujeito e predicado), integrantes (objeto direto e indireto, complemento nominal e agente da passiva) e acessórios (adjunto adnominal, adjunto adverbial e aposto).

Pelo lado morfológico, as palavras são classificadas em substantivo, adjetivo, artigo, numeral, pronome, verbo, advérbio, preposição, conjunção e interjeição.[24]

Os vieses de analise, tanto individualmente quanto contextualmente, confundem-se, e, portanto, exigem conhecimentos contíguos e concomitantes para a completa identificação das funções desempenhadas pelas palavras nas frases.

Dando seguimento, abaixo trouxemos uma questão que aborda a análise morfológica e sintática da palavra. Nesse sentido, o leitor terá que se valer dos conhecimentos aglutinados para identificar a classe a qual a palavra pertence, tomada individualmente, bem como a sua função no interior da frase, em correlação com os outros termos integrantes.

(VUNESP - 2023 - PC - SP - Perito Criminal) Moscas, e teto azul

Amigos dizem-me: pinte o teto de sua cozinha de azul, assim não entrarão moscas. Desço a escada sonhador e perplexo; será verdade? Quem descobriu que moscas não amam o azul, esse delicadíssimo segredo da construção civil, fino mergulho na sensibilidade aérea do inseto aborrecido para nós, mas em si mesmo respeitável como todo ser? Faz o homem a sua casa e não quer moscas, pinta de azul seu teto, moscas chegam até a janela, olham lá dentro para cima, pensam: pintou de azul o teto, ele não nos ama, adeus. A relação mosca-homem é incessante no mundo,

---

24. CEGALLA, Domingos Paschoal. **Novíssima Gramática da Língua Portuguesa**. 48. ed. São Paulo, 2020.

tanto que o homem a chama oficialmente Musca domestica, celebrando seu amor à casa do homem, imaginando talvez que não havia moscas antes de haver casas, como certamente não existiam andorinhas sem beirais para viver e fios telefônicos onde se encontrarem as amigas e bater um papo olhando a tarde; uma criança nascida em Brasília que não sair de lá morrerá sem ver andorinhas, triste sina. Cuida o leitor que estou escrevendo bobagens, e é certo. Mas eu sei das bobagens minhas, elas possuem um enredo íntimo. (Rubem Braga, 200 Crônicas Escolhidas. Fragmento)

(VUNESP - 2023 - PC - SP - Perito Criminal) Assinale a alternativa em que os termos destacados pertencem à mesma classe de palavra e desempenham a mesma função sintática na oração.

a) Faz o homem a sua casa e não quer ***moscas***, pinta de azul seu teto, ***moscas*** chegam até a janela...

b) ... não havia ***moscas*** antes de haver casas, como certamente não existiam ***andorinhas*** sem beirais...

c) Cuida o leitor que estou escrevendo ***bobagens***, e é certo. Mas eu sei das ***bobagens*** minhas...

d) ***Quem*** descobriu ***que*** moscas não amam o azul, esse delicadíssimo segredo da construção civil...

e) ***Amigos*** dizem-me: pinte o teto de sua cozinha de azul, assim não entrarão ***moscas.***

Resposta correta: E

A resposta correta é a alternativa E pelo fato dos termos em negrito, ***amigos*** e ***moscas***, desempenharem a mesma função sintática, mais precisamente a função de sujeito da oração. ***Amigos*** é o responsável pela ação descrita no verbo ***dizer***, ou seja, é aquele que comete a ação de dizer. Os termos complementares, representados pelo pronome ***me*** e pela oração "pinte o teto de sua cozinha de azul", são respectivamente objeto indireto e objeto direto da oração. Já na segunda etapa da análise, o termo ***moscas*** é responsável pela ação descrita no verbo ***entrar***, ou seja, "as moscas não entrarão na cozinha pintada de azul".

Novamente, como exemplo, se realizarmos algumas perguntas padrões utilizando o verbo, a compreensão do texto ficará mais fácil:

Quem disse? Os amigos (sujeito) disseram.

Quem (sujeito) diz, diz alguma coisa (objeto direto) a alguém (objeto indireto).

Quem (sujeito) vai entrar ou não entrar? As moscas (sujeito) não vão entrar.

Como não deve ter passado despercebido ao leitor, no início deste capítulo, ao nos referirmos à Língua Portuguesa, utilizamos o termo "meandros" para descrever as dificuldades inerentes ao estudo desta disciplina. Isto porquanto o vocábulo meandros traz uma configuração semântica, em sentido impróprio, que remete à complexidade, aos caminhos emaranhados, à sinuosidade presente num caminho, enfim, a condições que podem insurgir como dificuldades para os que caminham na esteira do aprendizado gramatical.

A análise morfossintática constitui-se num desses caminhos emaranhados, que se inter-relacionam a tantos outros existentes nesta disciplina. A compreensão e o entendimento desse caminho, muitas das vezes, gera explicações destoantes por parte dos estudiosos do tema. Nesse sentido a explanação de Celso Cunha e Lindley Cintra:

O estudo da frase e da organização dos elementos que a constituem pressupõe o conhecimento de alguns conceitos nem sempre fáceis de definir. Essa dificuldade resulta não só da própria natureza do assunto, mas também das diferenças dos métodos e técnicas de análise adotados pela linguística clássica e pelas principais correntes da linguística contemporânea.[25]

---

25. CUNHA, Celso Ferreira; Luis Filipe Lindley, CINTRA. **Nova Gramática de Português Contemporâneo.** 7. ed. Rio de Janeiro: Lexikon, 2016. p. 134.

Entrementes a presente colocação, e ainda que existam conceitos divergentes sobre o assunto, não nos cabe adentrar em desvios ou atalhos, ou tomarmos caminhos mais longos do que o necessário à consecução dos objetivos almejados. Noutras palavras, para a análise das questões de uma prova, o candidato não necessita de uma gama enorme de conhecimentos teóricos, mas tão somente daqueles necessários à compreensão dos caminhos mais simples, que ainda que emaranhados, podem ser visualizados e compreendidos.

Para a consecução efetiva, portanto, da análise morfossintática, insta que se aglutine os conhecimentos relativos à classificação das palavras e à sua identificação, para que se possibilite a sua decomposição em partes, e daí se verifique a função dessas partes em relação ao todo. Enfim, não podemos tomá-la de forma separada, como um caminho único, senão de forma emaranhada, como parte de um todo que constitui a Língua Portuguesa.

Exemplificando o tópico em tela, trazemos mais uma questão alusiva à análise da frase segundo a morfossintaxe:

(VUNESP - 2023 - PC - SP - Investigador de Polícia). O pronome "o" em – Essa antítese o acalmou – representa o complemento do verbo, tal como ocorre com a expressão destacada na passagem:

a) Os ***delírios verbais*** me terapeutam.

b) Sou formado ***em desencontros***.

c) ... passou ***muitos meses*** tenso...

d) Até que apareceu ***Flores do mal***.

e) ... não encontrava ***um título*** para os seus poemas.

Resposta correta: E

Para chegarmos à resposta desta questão, primeiramente faz-se necessário identificarmos o termo ***o***, aposto no interior da oração "Essa antítese o acalmou". Assim sendo, a estrutura sintática que se apresenta traz um sujeito (antítese), o qual performa a ação delineada pelo verbo acalmar, e um complemento verbal representado pelo pronome ***o***, precisamente o termo a ser escrutinado. Haja vista que o verbo ***acalmar***, quando utilizado na acepção de se tornar calmo, de serenar, de ficar tranquilo, é verbo transitivo, o termo ***o*** tem a função sintática de objeto direto.

Dos termos negritados, apenas o presente na alternativa E trata-se de um objeto direto, complementar ao verbo ***encontrar***. Exemplificando:

Quem (sujeito) encontra, encontra alguma coisa (um título).

13. VÍCIOS DE LINGUAGEM

A Língua Portuguesa possui certas ferramentas, que, quando utilizadas pelos seus "artesãos" mais habilidosos, possibilita uma infinidade de combinações estilísticas, de alterações, inversões, "embelezamentos", criatividade textual, enfim, transformações que emprestam ao texto uma nova roupagem, muito mais próxima da poética que da precisão e do formalismo da norma padrão.

Todavia, paralela a essa veia criativa, que se sustenta principalmente nas figuras de linguagem, existem alterações outras, que ficam muito mais próximas do defeito, da imperfeição ou do próprio erro gramatical.

Os vícios de linguagem, aqui os apresentamos, são, portanto, nascidos do erro, da inobservância, e nada tem em comum com a criatividade literária, a licença poética ou qualquer outro recurso de escrita habilmente utilizado pelos "artesãos" da Língua Portuguesa.

Como dito, eles podem surgir a partir da ignorância da norma formal, do descuido na escrita, do erro comum, e de forma plena desvirtuam o texto a partir dessas marcas impressas no "bom português".

Pela sua natureza e características, os vícios de linguagem podem ser classificados em ambiguidade (anfibologia), arcaísmo, barbarismo, cacofonia, colisão, parequema, eco, hiato, solecismo, preciosismo, plebeísmo, redundância (tautologia), estrangeirismo, e prolixidade.

Ambiguidade, possivelmente um dos erros mais comuns encontrados nos textos, ocorre quando a colocação dos termos insurge-se como fator de provocação para a ocorrência de outros sentidos distintos daqueles que o autor tentou imprimir ao texto. Os pronomes possessivos (sua/suas) são exemplos de casos que podem ocasionar a ambiguidade, visto à dúvida quanto ao nome ao qual se referem.

O arcaísmo alude a palavras, expressões ou construções que deixaram de ser utilizadas na Língua Portuguesa. São situações que geram uma sensação de estranheza por parte do leitor/ouvinte, haja vista que, culturalmente, deixaram de ser aceitas.

Essa característica reflete, em muito, a dinamicidade, a vivacidade e o poder de transformação das Línguas faladas. Termos e expressões que são utilizados hodiernamente, e inclusive pautados nas regras formais, poderão deixar de existir no futuro, bem como outros poderão ser incorporados, independentemente da vontade dos estudiosos e gramáticos, mas apenas pela utilização da Língua Portuguesa, porquanto esta é um organismo vivo, que se transforma pela vontade das pessoas que a utilizam diariamente.

Portanto, o arcaísmo pode referir-se ao termo, especificamente, ou ao seu sentido. Noutras palavras, o vocábulo pode permanecer inalterado, mas assumir uma acepção totalmente distinta daquela que tinha num determinado momento histórico.

O barbarismo alude a erros comuns relacionados a ortoepia (erro quanto a pronúncia), prosódia (erro quanto à acentuação), ortografia (erro quanto à escrita), morfologia (erro quanto à formação das palavras) e semântica (erro quanto ao sentido), ou seja, a praticamente todos os tópicos da Língua Portuguesa.

Conforme estatui Fernando Pestana, alguns gramáticos incluem o estrangeirismo no presente rol, todavia, não é um entendimento predominante:

Alguns gramáticos, como Napoleão M. de Almeida e Luiz A. Sacconi, consideram os estrangeirismos como barbarismos. Por exemplo, é considerada **galicismo** (ou **francesismo**) as expressões "face a", "frente a": "*Os países europeus conseguiram acordar sua posição **face ao** problema nuclear iraniano.*" (Na nossa língua, usa-se "em face de".) No entanto, o gramático Celso P. Luft abona tais construções.[26]

A Cacofonia refere-se à produção de sons desagradáveis, cômicos ou obscenos, resultantes da proximidade de certas palavras na frase. Como exemplo podemos citar a frase: "*Vou-**me já** porque estou atrasado para o encontro*".

Já a colisão alude aos sons desagradáveis resultantes da proximidade de consoantes.

Com a descrição parecida ao fenômeno da colisão, temos a parequema, que constitui na repetição de silabas e sons no final de uma palavra e início de outra. Tanto que alguns gramáticos consideram a colisão e parequema como sinônimos.[27]

Insta destacar, no tocante a parequema, que as construções que resultam na repetição de silabas que ocorrem no fim de uma palavra com outra representada pelo pronome obliquo átono, desde que exigidas pelas regras da próclise, são exceções ao vício

26. PESTANA, Fernando. **A gramática para concursos públicos**. Teoria completa e mais de 1.300 questões comentadas. 3. ed. Rio de Janeiro: Método, 2017. p. 1174.
27. PESTANA, Fernando. **A gramática para concursos públicos**. Teoria completa e mais de 1.300 questões comentadas. 3. ed. Rio de Janeiro: Método, 2017. p. 1175.

de linguagem respectivo. Como exemplo: "*Se se deseja a guerra, como iremos mudar o Planeta*".

O eco refere-se também aos sons repetitivos, presentes em mais de uma palavra que se encontrem próximas no contexto da frase. Ocorre de forma muito comum com o advérbio terminado em "mente". A título de exemplo: "*Felizmente, o cervo correu rapidamente*".

O hiato difere-se dessas construções apenas pelo fato de referir-se a vogais, ou seja, este ocorre pela proximidade de palavras que contenha a mesma vogal ao final, como integrante única ou no início.

O solecismo, por sua vez, abarca erros decorrentes da análise sintática, mais precisamente da regência verbal, da concordância nominal e da colocação pronominal.

Preciosismo, doutro modo, não se restringe diretamente ao erro, mas ocorre de forma imprópria, através da utilização de vocabulário rebuscado, pouco comum, que culmina na produção de um texto pouco compreensível, mesmo ininteligível. É uma crítica comum em relação aos textos jurídicos.

Com a devida licença, precisamos defender o meio termo, ou seja, a criação de textos ricos em vocabulário engrandece o aprendizado do leitor, alavancando-o para uma miríade de possibilidades e ferramentas que poderão ser utilizadas posteriormente em suas construções individuais. O que se impede a partir da definição do preciosismo é que se criem textos repetitivos, inócuos, longos, incompreensíveis, e que por definição não consigam cumprir com o objetivo de transmissão de uma determinada mensagem ao leitor.

O plebeísmo consiste na utilização de termos e expressões característicos de classes populares ou de pessoas de determinadas regiões. Nele se incluem as gírias e as palavras informais. Algumas vezes pode ser considerado de forma pejorativa, com o intuito de diminuir a expressão de grupos que utilizam determinado tipo de dialeto. Nesse contexto, é importante clarificar a definição de preconceito linguístico, ou seja, a utilização do linguajar informal como forma de depreciação do ser humano.

Dessarte, ainda que existam padrões definidos na Língua Portuguesa, como esta se transmuta em organismo vivo, mutável e orgânico, é de regra que as pessoas a utilize1m de formas específicas, dependendo do contexto em que estejam inseridas em determinado momento.

A redundância, tautologia ou pleonasmo vicioso consiste, como o próprio nome já indica, no pleonasmo realizado de forma não intencional, literária ou com fins de graduação do texto, mas sim no cometimento de erros que levam ao reforço desnecessário de ideias. Os exemplos mais comuns são: *"Subir para cima, descer para baixo"*.

O estrangeirismo é a representação de ideias através de vocábulos que não pertencem a Língua Portuguesa. São aquelas palavras que derivam de outras Línguas distintas da nossa. O estrangeirismo não é matéria pacífica entre os gramáticos, haja posto que alguns entendem que este somente ocorreria no caso da utilização de termos estrangeiros para situações nas quais existam palavras análogas no nosso vernáculo. Outros entendem que qualquer utilização de palavras derivadas de outra Língua consistiria em estrangeirismo, dessa forma o incluindo no rol dos erros decorrentes do barbarismo. Outros ainda, afastando-se da gramática tradicional, acordam que o estrangeirismo não é vicio de linguagem.[28]

---

28. PESTANA, Fernando. **A gramática para concursos públicos.** Teoria completa e mais de 1.300 questões comentadas. 3. ed. Rio de Janeiro: Método, 2017. p. 1178.

A prolixidade alude ao texto que utiliza um número enorme de palavras para trazer uma mensagem que, necessariamente, seria transmitida de forma muito mais sintética, com o mesmo resultado. Em resumo, o texto prolixo é sempre recheado de palavras desnecessárias, de repetições de ideias, de explicações inúteis e cíclicas, que ao fim e ao cabo, nada lhe acrescentam.

Abaixo trazemos uma questão de concurso que aborda especificamente os vícios de linguagem:

(VUNESP - 2023 - PC - SP - Escrivão de Polícia) Considere as informações.

Ator curte ser bebezão em revival maduro iCarly: "Elo de ligação com o original" (https://noticiasdatv.uol.com.br/noticia, 02.07.2023)

Na fala do ator – Elo de ligação com o original –, o vício de linguagem presente é o

a) pleonasmo.
b) estrangeirismo.
c) cacófato.
d) solecismo.
e) barbarismo.

Resposta correta: A

O pleonasmo vicioso diz respeito à repetição inútil e desnecessária de algum termo ou ideia na frase.[29] Isto porquanto, diferentemente, este também pode ser utilizado como efeito estilístico, inserindo-se no rol das formas pelas quais se pode alterar

29. PESTANA, Fernando. **A gramática para concursos públicos**. Teoria completa e mais de 1.300 questões comentadas. 3. ed. Rio de Janeiro: Método, 2017. p. 1166.

um texto, emprestando-lhe ares que fujam ao formalismo semântico. Todavia, no caso em tela, a alternativa A trouxe a repetição desnecessária de dois termos de mesmo sentido e consecutivos na oração (elo e ligação), o que caracteriza o respectivo vício de linguagem. Devido a isso, a alternativa A está correta.

As demais alternativas podem ser excluídas, posto que, afora a factível redundância presente no texto, não há outras ocorrências de desvios gramaticais que justifiquem a escolha do estrangeirismo (utilização de termos estrangeiros), da cacofonia (som desagradável originada da junção de mais de uma palavra), do solecismo (erro sintático relativo à concordância, regência ou colocação pronominal) ou do barbarismo (desvios gramaticais relativos à ortografia, morfologia ou semântica)[30].

Diante do exposto, encerramos o presente capítulo, desejando que tenhamos contribuído com aqueles que nos leem, ainda que de forma tênue, para a apreensão de novos conhecimentos, bem como lembrando a necessidade da leitura uniforme do livro para a total compreensão dos tópicos, tomados isoladamente.

Ao final, e aproveitando o último tema, tentamos não incorrer em nenhuma das armadilhas decorrentes dos vícios de linguagem, para não nos assentarmos na expressão: "Casa de ferreiro, espeto de pau". Afora a brincadeira, pedimos desculpa por eventuais deslizes que tenhamos cometido nesse emaranhado de caminhos que se constitui a Língua Portuguesa. E esperamos que todos vocês, caros leitores, prossigam e desvendem os seus próprios caminhos, alcançando ao final deles, a merecida recompensa. Boa leitura!

30. PESTANA, Fernando. **A gramática para concursos públicos**. Teoria completa e mais de 1.300 questões comentadas. 3. ed. Rio de Janeiro: Método, 2017. p. 175, 176, 178.

TEXTOS ALUSIVOS ÀS QUESTÕES

Abaixo seguem os textos necessários à resolução de algumas das questões propostas no decorrer do capítulo. Observe-se que o início das linhas foi demarcado por numerais, destacados noutra cor, para que o formato seja idêntico ao da prova do qual foram retirados.

(FUNDATEC - 2018 - PC - RS - Delegado de Polícia) O meio ambiente e a sustentabilidade

01 Nunca antes se debateu tanto sobre o meio ambiente e a sustentabilidade. As graves 02 alterações climáticas, as crises no fornecimento de água devido ___ falta de chuva, __ destruição 03 dos mananciais e ___ constatação clara e cristalina de que, se não fizermos nada para mudar, o 04 planeta será alterado de tal forma que a vida como a conhecemos deixará de existir.

05 Cientistas, pesquisadores amadores e membros de organizações não governamentais se 06 unem, ao redor do planeta, para discutir e levantar sugestões que possam trazer a solução 07 definitiva ou, pelo menos, encontrar um ponto de equilíbrio que desacelere a destruição que 08 experimentamos nos dias atuais. A conclusão, praticamente unânime, é de que políticas que 09 visem __ conservação do meio ambiente e __ sustentabilidade de projetos econômicos de 10 qualquer natureza devem sempre ser a ideia principal e a meta a ser alcançada para qualquer 11 governante.

12 Em paralelo às ações governamentais, todos os cidadãos devem ser constantemente 13 instruídos e chamados à razão para os perigos ocultos nas intervenções mais inocentes que 14 realizam no meio ambiente a sua volta; e para a adoção de práticas que garantam a 15 sustentabilidade de todos os seus atos e ações. Destinar corretamente os resíduos domésticos; a 16 proteção dos mananciais que se encontrem em áreas urbanas e a prática de

medidas simples a 17 fim de que estabeleçam a cultura da sustentabilidade em cada família.

18 Assim, reduzindo-se os desperdícios, os despejos de esgoto doméstico nos rios e __ 19 demais práticas ambientais irresponsáveis, os danos causados ao meio ambiente serão 20 drasticamente minimizados e a sustentabilidade dos assentamentos humanos e atividades 21 econômicas de qualquer natureza estarão asseguradas.

22 Estimular o plantio de árvores, a reciclagem de lixo, a coleta seletiva, o aproveitamento 23 de partes normalmente descartadas dos alimentos como cascas, folhas e talos; assim como o 24 desenvolvimento de cursos, palestras e estudos que informem e orientem todos os cidadãos para 25 a importância da participação e do engajamento nesses projetos e nessas soluções simples para 26 fomentar a sustentabilidade e a conservação do meio ambiente são ações necessárias.

27 Uma medida bem interessante é ensinar cada família a calcular sua influência negativa 28 sobre o meio ambiente (suas emissões) e orientá-las a proceder de forma a neutralizá-las; 29 garantindo a sustentabilidade da família e contribuindo enormemente para a conservação do meio 30 ambiente em que vivem. Mas, como se faz para calcular essas emissões? Na verdade é uma conta 31 bem simples: basta calcular a energia elétrica consumida pela família; o número de carros e 32 outros veículos que ela utilize e a forma como o faz e os resíduos que ela produza. A partir daí, 33 cada família poderá dar a sua contribuição para promover práticas e procedimentos que garantam 34 a devolução à natureza de tudo o que usaram e, com essa ação, gerar novas oportunidades de 35 renda e de bem-estar social para sua própria comunidade.

36 O mais importante de tudo é educar e fazer com que o cidadão comum entenda que tudo 37 o que ele faz ou fará, gerará um impacto no meio ambiente que o cerca. E que só com práticas

e 38 **ações que visem __ sustentabilidade dessas práticas,** estará garantindo uma vida melhor e mais 39 satisfatória, para ela mesma, e para as gerações futuras.

(Fonte: http://www.ecologiaurbana.com.br/conscientizacao/meio-ambiente-sustentabilidade/ Adaptação)

(FUNDATEC - 2018 - PC - RS - Delegado de Polícia) Os pilares da sustentabilidade: os desafios ambientais do século XXI para a iniciativa privada

01 Entre os pilares para o desenvolvimento sustentável – aquele capaz de garantir as 02 necessidades da geração atual sem comprometer a futura – está a preservação e manutenção do 03 meio ambiente. Nos últimos tempos, tem sido uma das pautas mais discutidas por líderes políticos 04 e empresariais de todo o mundo, principalmente por conta dos impactos das mudanças climáticas.

05 Mesmo o Brasil, um país rico em recursos naturais, já sente as consequências dos eventos 06 extremos, como a seca que persiste no Nordeste e deixa muitas famílias sem acesso à água, 07 recurso essencial para a manutenção da vida. Por isso, pensar em formatos mais eficientes de 08 uso é uma atitude urgente e que deve permear as organizações, os governos e a própria 09 sociedade.

10 Em 2015, o Brasil entrou para o grupo das 197 nações signatárias do Acordo de Paris, que 11 determinou metas para manter o aquecimento global bem abaixo de 2°C até 2030.

12 Ana Carolina Avzaradel Szklo, Gerente Sênior de Projetos e Assessora Técnica do CEBDS 13 (Conselho Empresarial Brasileiro para o Desenvolvimento Sustentável), acredita que esses 14 eventos climáticos extremos ___ contribuído para que as empresas incorporem a sustentabilidade 15 em suas agendas. As atitudes para reverter esse quadro preocupante devem ser trabalhadas

em 16 conjunto, porque o setor privado apresenta um papel tão importante quanto o governo para a 17 efetivação das ações.

18 Neste contexto, é importante que a sustentabilidade faça parte da organização como um 19 todo, principalmente, da mais alta .... decisória. Investimentos em inovação para tornar 20 processos mais eficientes podem contribuir com uma série de oportunidades para as 21 organizações.

22 Uma das tendências que estão sendo trabalhadas internacionalmente e sobre o que o 23 CEBDS ___ promovido debates com o setor privado é a precificação do carbono. A medida 24 defende a cobrança pela emissão do CO2, o que faz com que as empresas tenham um maior 25 controle sobre os seus processos. Além disso, impulsiona uma economia mais limpa e que 26 consequentemente pode frear o aquecimento global.

27 Para consolidar uma economia com baixa emissão de carbono, é necessário pensar em 28 toda a cadeia de produção da economia, desde a .... da matéria-prima, o transporte, a 29 produção e até o descarte. Trabalhando com esses rejeitos, evita-se que os materiais acabem em 30 aterros e lixões – locais em que a decomposição emite gases responsáveis pelo efeito estufa, 31 como o metano e o gás carbônico. Com a reciclagem, os resíduos viram matéria-prima 32 novamente, o que evita a .... e colabora para o uso racional de recursos naturais.

33 Com a ideia de eliminar o lixo, a empresa precisa investir bastante para reciclar materiais 34 não convencionais como esponjas de limpeza, cosméticos, tubos de pasta de dente, lápis e 35 canetas. Por não terem fluxos regulares de reciclagem, fazer o processo com esses rejeitos sai 36 bem mais caro. "Esses materiais são considerados 'não recicláveis', pois o custo para reciclá-los 37 é superior ao valor obtido com a matéria-prima resultante do processo. Percebemos, portanto, 38 que não existe efetivamente nada que não possa ser reciclado. O que existem são resíduos que 39 valem a pena do ponto de vista financeiro, e outros não,

justamente por serem complexos", 40 explica Pirrongelli da TerraCycle.

41 O programa de coleta da TerraCycle engaja consumidores e produtores em seu processo. 42 Não são apenas os produtos de difícil reciclabilidade que preocupam ambientalistas, governos e 43 empresas ao redor do mundo. Mesmo materiais que já ___ processos consolidados, como o 44 plástico, acabam em lixões e aterros, onde demoram anos para se decompor. 45 Relatórios divulgados no início deste ano pela Ellen MacArthur Foundation mostram que cerca de 46 oito bilhões de toneladas de plástico são descartados nos mares por ano - quantidade equivalente 47 a um caminhão de lixo por minuto. A organização calculou que, se esse ritmo continuar, haverá 48 mais plástico do que peixe nos oceanos em 2050.

49 Por isso, a maior procura por produtos biodegradáveis sinaliza a crescente preocupação 50 do setor privado em relação ao meio ambiente. Nesse aspecto, a tecnologia é um aspecto 51 fundamental para a sustentabilidade.

52 Soluções como o plástico hidrossolúvel ___ sido cada vez mais procuradas como um meio 53 de evitar o problema do descarte irresponsável. O material é novidade no Brasil e na América 54 Latina e consiste em um plástico que se dissolve na água em apenas alguns segundos. Há 55 também, nesse mesmo viés, bobinas, saquinhos hidrossolúveis sob medida, entretelas, entre 56 outros. Essa solução, de acordo com um empresário do setor, ... diversas vantagens ao 57 comprador, como: redução de custos em transporte e armazenagem, devido à concentração de 58 produto na embalagem hidrossolúvel; diminuição no uso e descarte do plástico convencional, que 59 pode gerar créditos de carbono e também ...... segurança na aplicação e no manuseio de 60 substâncias químicas que podem ser nocivas para o ser humano. As empresas podem contribuir 61 para um desenvolvimento sustentável valorizando produtos que ___ um apelo sustentável,

62 criando uma cultura organizacional voltada para essas questões e investindo em desenvolvimento 63 de novas alternativas. É importante também que a organização, além de realizar esses processos, 64 valorize que os mesmos sejam adotados por toda cadeia produtiva, envolvendo desde seus 65 fornecedores até seus clientes.

(Fonte: Amcham Brasil, 26 de maio 2017 – http://economia.estadao.com.br/blogs – Texto adaptado)

REFERÊNCIAS BIBLIOGRÁFICAS

ACADEMIA BRASILEIRA DE LETRAS (ABL). Disponível em < https://www.academia.org.br/>. Acessado em 13/03/2024.

BEZERRA, Rodrigo. **Nova Gramática da Língua Portuguesa para Concursos**. 7º: Forense – Rio de Janeiro; São Paulo: Método, 2015.

CEGALLA, Domingos Paschoal. **Novíssima Gramática da Língua Portuguesa**. 48° ed. – São Paulo, 2020.

CUNHA, Celso Ferreira; Luis Filipe Lindley, CINTRA. **Nova Gramática de Português Contemporâneo.** 7° ed. – Rio de Janeiro: Lexikon, 2016.

DICIONÁRIO PRIBERAM DA LÍNGUA PORTUGUESA. Disponível em: https://dicionario.priberam.org/mundo. Acesso em 07 abr. 2024.

MICAHELIS.UOL.COM.BR. Disponível em: https://michaelis.uol.com.br/moderno-portugues/busca/portugues-brasileiro/constumas/. Acesso em 13 mar. 2024.

PESTANA, Fernando. **A gramática para concursos públicos.** Teoria completa e mais de 1.300 questões comentadas. 3 ed° - Rio de Janeiro: Método, 2017.

EIXO 5

Denize dos Santos Ortiz
Ellen Thays Brandão

Nos concursos públicos, o domínio da língua portuguesa é essencial para o sucesso dos candidatos. Compreender as figuras de linguagem, interpretar textos com precisão e construir respostas coerentes e coesas são habilidades indispensáveis nesse contexto. Neste capítulo, exploraremos de maneira detalhada esses aspectos, fornecendo aos leitores as ferramentas necessárias para alcançarem excelência na aplicação da língua portuguesa em suas provas.

As figuras de linguagem constituem um conjunto de recursos que conferem expressividade e profundidade aos textos. Desde metáforas que transcendem o literal até ironias que sugerem significados ocultos, cada figura possui um papel único na ampliação dos sentidos das palavras. Aqui, mergulharemos nesse universo fascinante, capacitando os concurseiros a identificar e utilizar esses recursos de forma eficaz em suas respostas.

Ademais, a interpretação de texto é uma habilidade crucial em qualquer contexto acadêmico ou profissional, e nos concursos não é diferente. Capacitar-se para além das palavras, captar nuances, inferir significados implícitos e extrair informações relevantes são competências que fazem toda a diferença. Neste capítulo, discutiremos técnicas para uma leitura eficaz e estratégias para decifrar os enunciados das questões, garantindo uma compreensão abrangente e precisa dos textos apresentados.

Por fim, será abordada a importância da coerência e coesão na construção de respostas sólidas e bem estruturadas. A coerência, que exige uma conexão lógica entre as ideias apresentadas, e a coesão, que se refere à harmonia e fluidez na articulação das partes do texto, são aspectos fundamentais para se destacar nas avaliações dos concursos públicos. Aqui, forneceremos orientações práticas para aprimorar esses aspectos, capacitando os leitores a produzir textos coesos e coerentes que impressionarão os avaliadores.

14. FIGURAS DE LINGUAGEM

As figuras de linguagem representam um conjunto de recursos que enriquecem a comunicação verbal, conferindo expressividade e profundidade aos textos. Desde as metáforas, que estabelecem analogias e permitem uma compreensão mais vívida dos conceitos, até as ironias, que revelam significados sutis através de uma aparente contradição, esses recursos desafiam as limitações da linguagem e expandem suas possibilidades. Ao compreender e utilizar as figuras de linguagem de forma adequada, os concurseiros não apenas demonstram um domínio sofisticado da língua portuguesa, mas também enriquecem suas respostas, tornando-as mais cativantes e memoráveis para os avaliadores.

As referidas figuras podem ser classificadas tais como metáfora, comparação, pleonasmo, catacrese e onomatopeia, são recursos essenciais na expressão verbal, conferindo diversidade, riqueza e impacto à comunicação.

14.1. Metáfora

A metáfora é uma figura de linguagem que transcende o sentido literal das palavras, permitindo a criação de novas significações por meio da associação entre elementos distintos. Essa técnica comunicativa visa enriquecer a expressão verbal ao estabelecer uma relação de semelhança ou analogia entre o termo empregado e aquilo que ele representa, muitas vezes evocando imagens vívidas e provocando emoções no leitor ou ouvinte. Ao utilizar a metáfora, o escritor ou orador amplia as possibilidades de comunicação, transmitindo conceitos complexos de forma mais acessível e poética. Vejamos:

"Trata do emprego da palavra fora do seu sentido básico, recebendo nova significação por uma *comparação* entre seres de universos distintos.

- ***Evanildo Bechara*** *é uma* ***fera*** *da gramática.*

- ***Evanildo Bechara*** *- uma* ***fera*** *da gramática - é o melhor atualmente.*

- *A* ***fera*** *do* ***Bechara*** *tem obras importantíssimas sobre a língua.*

- ***Bechara*****?!** *Que* ***fera!***

- *O Bechara vai 'desmatando o* ***amazonas*** *de minha* ***ignorância****'.*

Obs.: Este último exemplo apresenta um trecho entre aspas porque é retirado de um poema de Drummond. A metáfora é percebida quando se entende que a minha ignorância é tão grande quanto o território do Amazonas. Chama-se metáfora hiperbólica. Lindo, não? Ah! Para fechar, a uma sucessão de metáforas chamamos **alegoria**: *"Na* ***parede*** *da memória, essa lembrança é o* ***quadro*** *que dói mais".*[1]

---

1. Pestana, Fernando. **A gramática para concursos públicos**. Elsevier Editora Ltda., 2013. p.1163.

Um exemplo clássico de metáfora pode ser encontrado na expressão "o mundo é um palco", atribuída a William Shakespeare. Nessa metáfora, o termo "mundo" é comparado a um "palco", sugerindo que a vida humana se desenrola como uma peça teatral, com seus personagens, dramas e encenações. Essa imagem poética convida o leitor a refletir sobre a natureza efêmera e multifacetada da existência, explorando suas profundidades de maneira simbólica e marcante.

Outros exemplos que podem ser mencionados:

"Você é o sol": Essa metáfora é comumente usada para expressar o quão importante alguém é na vida de outra pessoa, comparando-os ao sol, que é essencial para a vida e traz luz e calor. Um exemplo é na música "Your Song" de Elton John, onde ele canta "Você é o sol que ilumina o meu dia".

"Chuva de Rosas": Esta metáfora é usada para descrever um momento de grande felicidade ou celebração. Um exemplo é na música "Amar pelos Dois" de Salvador Sobral, onde ele canta "Se um dia alguém perguntar por mim, diz que vivi para te amar. Antes de ti, só existi. Cansado e sem nada para dar".

"Mar de Rosas": Essa metáfora é usada para descrever algo que parece belo e perfeito à primeira vista, mas esconde desafios ou dificuldades. Um exemplo é na música "Mar de Rosas" de The Fevers, onde eles cantam "A vida é cheia de ilusões. Você sabe o que é. A vida é cheia de emoções. Quem sabe pode ser".

"Vida é um Carnaval": Essa metáfora é usada para expressar a ideia de que a vida é cheia de altos e baixos, momentos felizes e tristes, mas ainda vale a pena celebrar. Um exemplo é na música "Vida é um Carnaval" de Celia Cruz, onde ela canta "A vida é um carnaval. É como uma roda gigante. Tem vezes que está embaixo. Tem vezes que está em cima".

14.2. Comparação

Aqui temos uma figura de linguagem que estabelece uma relação explícita de semelhança entre dois elementos diferentes, com o intuito de enfatizar características comuns entre eles e tornar a comunicação mais expressiva e compreensível. Essa figura é frequentemente utilizada para criar imagens vívidas e transmitir ideias de forma mais impactante, tornando o texto mais rico e envolvente para o leitor ou ouvinte.

"Não confunda metáfora com 'comparação' (ou símile) porque na metáfora não há conectivo explicitando a relação de comparação. Na comparação (ou símile) sempre há um conectivo ou uma expressão estabelecendo a relação de comparação:

- Ela é **gorda** como uma **vaca**.

- 'Meu **coração** tombou na vida tal qual uma **estrela** ferida pela flecha de um caçador.' (Cecília Meireles)

- Este **lutador** tem postura semelhante aos **deuses** nórdicos."[2]

Como exemplo clássico pode-se citar a expressão "forte como um touro". Nessa comparação, a força do touro é utilizada como referência para descrever alguém que é extremamente forte ou resistente. Essa imagem evoca a ideia de poder e robustez, transmitindo uma sensação de vigor e determinação.

Também se tem como exemplo comum de comparação a frase expressionista "branco como a neve". Nessa comparação, a brancura da neve é utilizada para descrever algo que é muito claro ou puro. Essa imagem poética sugere a ideia de pureza e inocência, evocando uma sensação de tranquilidade e serenidade.

---

2. Pestana, Fernando. **A gramática para concursos públicos**. Elsevier Editora Ltda., 2013. p. 1164.

A comparação também pode ser utilizada para transmitir emoções e sentimentos de forma mais intensa. Por exemplo, na expressão "frio como o gelo", a sensação de frieza do gelo é utilizada para descrever alguém que é distante ou indiferente emocionalmente. Essa imagem sugere uma falta de calor humano, transmitindo uma sensação de isolamento ou desapego.

Outrossim, a comparação pode ser usada de forma metafórica para transmitir ideias abstratas de maneira mais concreta. Por exemplo, na expressão "doce como o mel", a doçura do mel é utilizada para descrever algo que é extremamente agradável ou prazeroso. Essa imagem sensorial evoca uma sensação de deleite e satisfação, tornando a ideia mais tangível e acessível.

Em resumo, a comparação é uma figura de linguagem poderosa e versátil que permite ao autor transmitir ideias, sensações e emoções de forma mais vívida e expressiva, utilizando elementos do cotidiano para criar imagens poéticas e impactantes.

14.3. Pleonasmo

O pleonasmo é uma figura de linguagem caracterizada pela repetição desnecessária de palavras ou expressões que possuem o mesmo significado, não acrescentando qualquer informação adicional ao texto. Apesar de ser considerado um vício de linguagem em muitos casos, o pleonasmo pode ser utilizado de forma intencional para enfatizar uma ideia, criar um efeito estilístico ou reforçar uma característica específica.

A expressão "subir para cima" é um exemplo de pleonasmo. Nesse caso, a palavra "para cima" é redundante, pois a ação de subir naturalmente implica em se deslocar para uma posição mais elevada. No entanto, essa repetição pode ser utilizada de forma deliberada para enfatizar a direção vertical do movimento, especialmente em contextos informais ou coloquiais.

Outro exemplo de pleonasmo é a expressão "repetir de novo". Nesse caso, a palavra "de novo" é redundante, pois o verbo "repetir" já sugere a ideia de fazer algo novamente. No entanto, essa repetição pode ser empregada para reforçar a ideia de repetição e enfatizar a importância ou urgência da ação.

Apesar de ser frequentemente evitado na escrita formal, o pleonasmo pode ser utilizado de forma criativa na literatura, na poesia e na publicidade para criar efeitos estilísticos interessantes. Quando empregado com habilidade, o pleonasmo pode contribuir para a ênfase, a musicalidade e a expressividade do texto, adicionando camadas de significado e despertando o interesse do leitor.

Alguns exemplos que podemos citar:

"Entrar para dentro": Nesta expressão, a palavra "dentro" é redundante, pois o verbo "entrar" já sugere a ideia de movimento para o interior de algo. No entanto, é comum encontrar esse tipo de pleonasmo em conversas informais.

"Amanhecer o dia": Neste caso, a palavra "dia" é desnecessária, uma vez que o verbo "amanhecer" já se refere ao início do dia. O pleonasmo ocorre quando se utiliza o termo "dia" junto com "amanhecer".

"Sair para fora": Aqui, a palavra "fora" é redundante, pois o verbo "sair" implica em se mover para fora de um local. No entanto, é comum ouvir essa expressão em situações informais.

"Voltar para trás": Nesta expressão, a palavra "trás" é desnecessária, pois o verbo "voltar" já indica um movimento de retorno. O uso de "para trás" é um pleonasmo que acrescenta repetição sem acrescentar significado.

"Subir para o alto": Neste exemplo, a palavra "alto" é redundante, pois o verbo "subir" sugere movimento em direção a uma posição elevada. No entanto, o uso de "para o alto" é comum em linguagem coloquial, especialmente para enfatizar a altura ou verticalidade do movimento.

Esses são apenas alguns exemplos de como o pleonasmo pode surgir na linguagem cotidiana, muitas vezes de forma inadvertida. Embora seja considerado uma falha de estilo em textos formais, em contextos informais pode ser utilizado como recurso estilístico para enfatizar ou reforçar uma ideia.

Em linhas gerais, o pleonasmo é uma figura de linguagem caracterizada pela repetição desnecessária de palavras ou expressões, que pode ser utilizada tanto de forma inadvertida quanto intencional para enfatizar uma ideia ou criar um efeito estilístico. Embora seja frequentemente evitado na escrita formal, o pleonasmo pode ser empregado de forma criativa e expressiva em contextos específicos, contribuindo para a riqueza e a diversidade da linguagem.

14.4. Catacrese

A catacrese é uma figura de linguagem que ocorre quando uma palavra é utilizada de maneira desviada ou emprestada de seu significado original para descrever algo para o qual não existe um termo específico. É uma espécie de recurso linguístico que surge da necessidade de expressar conceitos ou objetos para os quais a língua não possui palavras adequadas. Assim, recorre-se ao uso de termos já existentes, mas deslocados de seu contexto usual, a fim de descrever algo de forma compreensível.

Essa figura de linguagem é amplamente utilizada na comunicação cotidiana e na literatura, onde muitas vezes nos deparamos com situações em que não há palavras precisas para descrever certos fenômenos ou objetos. Dessa forma, a catacrese desempenha um papel importante na expansão do repertório linguístico e na capacidade de expressão do falante ou escritor, permitindo a comunicação de ideias de forma eficaz e precisa, mesmo diante de limitações vocabulares.

"É um tipo de metáfora que se cristalizou na cultura popular, caracterizada pela falta de um termo adequado a um ser ou por ignorância, desconhecimento da comunidade linguística sobre um termo exato.

- Ele enterrou uma farpa no dedo.

- Com os dentes do serrote, ele serrou a perna da cadeira.

- Estou com coceira no céu da boca."[3]

Em suma temos como exemplo a expressão "pé da mesa". Aqui, a palavra "pé", que geralmente se refere à parte do corpo humano, é utilizada de forma metafórica para descrever as extremidades de uma mesa. Não há uma palavra específica para designar essa parte do móvel, então recorremos ao uso da palavra "pé" por analogia, tornando possível a comunicação eficaz sobre o objeto em questão.

É uma figura de linguagem que reflete a adaptabilidade e a criatividade inerentes ao uso da linguagem. Ao recorrer a essa figura, os falantes e escritores são capazes de superar limitações vocabulares e expressar ideias de forma clara e compreensível, enriquecendo assim a comunicação verbal e escrita.

Outros exemplos:

"Pé de página": Nesta expressão, a palavra "pé", que normalmente se refere à parte inferior do corpo humano, é utilizada para descrever a numeração ou os elementos localizados na parte inferior de uma página de um livro ou documento. Essa expressão é uma forma de catacrese, pois empresta o termo "pé" de seu significado original para descrever algo diferente.

3. Pestana, Fernando. **A gramática para concursos públicos**. Elsevier Editora Ltda, 2013. p. 1164.

"Dente de alho": Aqui, a palavra "dente", que normalmente se refere a uma estrutura do corpo humano, é utilizada para descrever uma das pequenas partes do bulbo de alho. Não havendo um termo específico para essa parte do alho, recorre-se ao uso da palavra "dente" por analogia.

"Mão do relógio": Nesta expressão, a palavra "mão", que usualmente se refere a uma parte do corpo humano, é empregada para descrever os ponteiros de um relógio. Apesar de não haver uma relação física entre as mãos humanas e os ponteiros, essa expressão é comumente utilizada para descrever os componentes temporais do relógio.

"Boca de lobo": Nesta expressão, a palavra "boca", que normalmente se refere à abertura na face humana, é utilizada para descrever uma abertura em sistemas de drenagem, geralmente em sarjetas ou bueiros. A analogia aqui é feita entre a abertura na face e a abertura no sistema de drenagem.

"Olho do furacão": Neste exemplo, a palavra "olho", que normalmente se refere ao órgão de visão, é empregada para descrever a área central de um furacão, que é caracterizada por ventos mais calmos e condições meteorológicas mais estáveis. Aqui, a analogia é feita entre o centro do furacão e o olho humano.

"Boca de sino": Nesta expressão, a palavra "boca", que usualmente se refere à abertura na face humana, é utilizada para descrever a abertura mais larga de um sino. A analogia é feita entre a forma da abertura do sino e a boca humana.

"Perna da mesa": Aqui, a palavra "perna", que normalmente se refere a uma parte do corpo humano, é utilizada para descrever as estruturas verticais que sustentam uma mesa. A analogia é feita entre a perna humana e a estrutura de suporte da mesa.

"Braço de rio": Nesta expressão, a palavra "braço", que usualmente se refere à parte do corpo humano, é empregada para descrever uma ramificação ou curso secundário de um rio. A analogia é feita entre a ramificação do rio e o braço humano.

"Bico da caneta": Aqui, a palavra "bico", que normalmente se refere à parte do corpo de aves ou mamíferos, é utilizada para descrever a ponta de uma caneta ou lápis. A analogia é feita entre a ponta da caneta e o bico de um animal.

"Cabeça de prego": Nesta expressão, a palavra "cabeça", que usualmente se refere à parte superior do corpo humano, é utilizada para descrever a parte mais larga de um prego que fica exposta após ser martelado. A analogia é feita entre a parte larga do prego e a cabeça humana.

A catacrese, ao emprestar significados de palavras de um contexto para outro, revela a riqueza e a maleabilidade da linguagem. Seja na comunicação cotidiana ou na expressão artística, essa figura de linguagem nos permite descrever objetos, conceitos e experiências de maneira mais precisa e evocativa. Ao reconhecer e apreciar a presença da catacrese em nosso discurso, somos convidados a explorar as nuances e a criatividade da linguagem humana, enriquecendo assim nossa capacidade de comunicação e expressão.

Através da catacrese, somos capazes de compreender como a linguagem se adapta às necessidades e contextos da comunicação humana, expandindo suas fronteiras além das definições literais das palavras. Essa figura de linguagem nos leva a uma jornada pela inventividade e versatilidade da linguagem, mostrando-nos que, mesmo diante das limitações vocabulares, somos capazes de transmitir nossas ideias com precisão e expressividade. Ao reconhecermos e explorarmos a presença da catacrese em nossa comunicação, enriquecemos nossa compreensão da linguagem e aprimoramos nossa habilidade de nos expressar de maneira mais vívida e impactante.

14.5. Onomatopeia

A onomatopeia é uma figura de linguagem que consiste na utilização de palavras que imitam sons naturais, objetos ou ações. Essa figura busca representar, por meio da escrita, os sons reais que são produzidos no mundo ao nosso redor, proporcionando uma experiência sensorial mais completa ao leitor ou ouvinte. A onomatopeia é amplamente utilizada na linguagem cotidiana, na literatura, nos quadrinhos, na música e em diversas formas de expressão artística, conferindo mais vivacidade e expressividade ao discurso.

Um dos principais propósitos da onomatopeia é transmitir sensações sonoras de forma mais direta e imediata, permitindo ao leitor ou ouvinte visualizar mentalmente os sons descritos no texto. Por exemplo, palavras como "tique-taque", "bum", "splash" e "zum-zum" são exemplos de onomatopeias que imitam sons característicos de objetos, eventos ou fenômenos naturais. Essas palavras criam uma atmosfera sensorial no texto, tornando a experiência de leitura mais envolvente e imersiva.

Além de representar sons específicos, a onomatopeia também pode ser utilizada para descrever ações ou movimentos de maneira mais expressiva. Por exemplo, a palavra "clicar" imita o som produzido por um clique de um botão, enquanto a palavra "roncar" imita o som emitido durante o ronco de alguém. Essas onomatopeias não apenas transmitem os sons correspondentes, mas também evocam a ação ou o movimento associado a eles, enriquecendo a descrição e a narrativa.

Em resumo, a onomatopeia é uma figura de linguagem que enriquece o discurso ao representar sons naturais, objetos ou ações por meio de palavras que imitam esses sons. Ao utilizar onomatopeias, os escritores podem criar uma experiência sensorial mais vívida e cativante, transportando o leitor para dentro do mundo descrito no texto e tornando a comunicação mais eficaz e envolvente.

Exemplos clássicos:

"Miau" - Som produzido pelo gato.

"Au-au" - Som produzido pelo cachorro.

"Zum-zum" - Som de insetos voando.

"Tic-tac" - Som de um relógio marcando o tempo.

"Splash" - Som de algo caindo na água.

"Toc-toc" - Som de batidas em uma porta.

"Bum" - Som de uma explosão.

"Ronco" - Som emitido durante o ronco de alguém.

"Clicar" - Som de um clique, como o de um mouse ou um teclado.

"Croc" - Som de algo sendo partido ou mastigado.

"Ring-ring" - Som de um telefone tocando.

"Bzzz" - Som de um zumbido de inseto.

"Chapinhar" - Som de algo se movendo na água.

"Ploc" - Som de algo caindo suavemente na água.

"Tum-tum" - Som das batidas do coração.

"Tchau" - Saudação vocal usada para se despedir.

"Brrrr" - Som associado ao frio ou a um tremor.

"Puf" - Som de algo se desfazendo ou desaparecendo rapidamente.

"Chinelo" - Som de um chinelo batendo no chão.

"Barulho" - Som genérico associado a qualquer ruído.

"Apito" - Som produzido por um apito.

"Zás" - Som associado a algo acontecendo rapidamente.

"Estalo" - Som de algo se partindo ou estalando.

"Rrroncar" - Som de um ronco prolongado.

"Puf-puf" - Som de algo sendo expelido em pequenas quantidades.

"Suspiro" - Som produzido por uma respiração profunda e audível.

"Miado" - Som produzido pelo gato.

"Sussurrar" - Som de uma voz falando baixinho.

"Tss-tss" - Som usado para chamar a atenção ou expressar desaprovação.

"Rufar" - Som de batidas rápidas e repetitivas, como um tambor.

As onomatopeias são uma parte fundamental da linguagem humana, permitindo-nos representar e compreender uma vasta gama de sons e fenômenos sonoros em nosso mundo. Desde os ruídos da natureza até os sons da vida cotidiana, as onomatopeias enriquecem nossa comunicação, proporcionando uma forma vívida e expressiva de descrever experiências sensoriais.

Ao explorar e utilizar essas figuras de linguagem, somos capazes de criar narrativas mais envolventes, transmitir emoções com maior precisão e conectar-nos de maneira mais profunda com o mundo ao nosso redor. Assim, as onomatopeias continuam a desempenhar um papel essencial na comunicação humana, capacitando-nos a compartilhar e compreender os sons que nos cercam de maneira mais eficaz e significativa.

QUESTÕES SOBRE GRAMÁTICA E INTERPRETAÇÃO DE TEXTOS

Para compreender melhor a matéria de gramática, é fundamental analisar algumas questões específicas que abordam diferentes aspectos da língua. Ao desmembrar e examinar essas questões, podemos identificar padrões gramaticais, regras de colocação pronominal, concordância verbal e nominal, entre outros pontos cruciais para uma comunicação eficaz em língua portuguesa. A análise detalhada dessas questões permite uma compreensão mais profunda das nuances da gramática, ajudando não apenas na resolução de exercícios, mas também na aplicação prática desses conhecimentos em situações cotidianas de escrita e fala. Portanto, ao investigar e entender as questões de gramática, estamos fortalecendo nossa habilidade de expressão e interpretação linguística, o que é essencial para uma comunicação clara e precisa.

Texto para as questões 1 e 2:

"O jardim da vida é uma tela em branco, onde cada momento pinta uma nova história. As flores representam nossas alegrias, enquanto os espinhos são os desafios que enfrentamos. Nas estações da vida, colhemos frutos de esperança e plantamos sementes de sonhos. Assim, caminhamos pelo jardim, tecendo nossa própria tapeçaria de experiências."

QUESTÃO 01) Qual é a metáfora utilizada no texto?

a) "tela em branco"

b) "flores representam nossas alegrias"

c) "espinhos são os desafios"

d) "frutos de esperança"

e) "caminhamos pelo jardim"

Análise:

A) "tela em branco" - Esta opção descreve uma metáfora, mas não é a que está presente no texto fornecido.

B) "flores representam nossas alegrias" - Essa alternativa não é uma metáfora, mas sim uma explicação literal do texto. As flores são usadas como símbolo das coisas boas na vida.

C) "espinhos são os desafios" - Esta é a resposta correta. É uma metáfora que compara os desafios da vida aos espinhos em um jardim.

D) "frutos de esperança" - Esta opção descreve uma metáfora, mas não é a que está presente no trecho fornecido.

E) "caminhamos pelo jardim" - Essa opção não é uma metáfora, mas uma descrição literal do texto sobre como navegamos pela vida.

Portanto, a resposta correta é a opção C) "espinhos são os desafios".

QUESTÃO 02) Qual é o significado da metáfora "o jardim da vida" no texto?

A) A vida é comparada a um jardim onde podemos plantar flores e colher frutos.

B) A vida é representada como um campo vazio que precisa ser preenchido com experiências.

C) A vida é vista como um desafio constante, cheio de obstáculos a serem superados.

D) A vida é comparada a um quadro em branco, onde podemos pintar nossas próprias histórias.

E) A vida é como um labirinto, cheio de surpresas e reviravoltas.

GABARITO:

A) A vida é comparada a um jardim onde podemos plantar flores e colher frutos.

Esta opção interpreta corretamente a metáfora, entendendo que o "jardim da vida" representa a capacidade de cultivar coisas boas e colher os resultados positivos das nossas ações.

B) A vida é representada como um campo vazio que precisa ser preenchido com experiências.

Esta opção não corresponde à metáfora presente no texto. O "jardim da vida" não é visto como um espaço vazio, mas sim como um lugar onde ocorrem diversos eventos e experiências.

C) A vida é vista como um desafio constante, cheio de obstáculos a serem superados.

Esta opção interpreta a vida de forma mais desafiadora, mas não é exatamente o significado da metáfora presente no texto. Embora a vida possa ser cheia de desafios, o "jardim da vida" no texto refere-se mais amplamente às experiências que vivemos.

D) A vida é comparada a um quadro em branco, onde podemos pintar nossas próprias histórias.

Esta opção oferece uma interpretação diferente, sugerindo que a vida é como uma tela em branco onde podemos criar nossa própria história. Embora seja uma metáfora poética, não reflete diretamente o significado do "jardim da vida" no texto fornecido.

E) A vida é como um labirinto, cheio de surpresas e reviravoltas.

Esta opção oferece outra metáfora para descrever a vida, não correspondendo diretamente ao "jardim da vida" mencionado no texto.

Portanto, a resposta correta é a opção A) A vida é comparada a um jardim onde podemos plantar flores e colher frutos. Essa interpretação capta melhor o sentido da metáfora presente no texto.

QUESTÃO 03) Qual das seguintes alternativas contém uma comparação?

a) "O sol brilhava intensamente no céu azul."

b "O vento soprava suavemente através das árvores."

c) "O carro vermelho estava estacionado na rua."

d) "Os pássaros cantavam alegremente pela manhã."

e) "O mar era um tapete de azul profundo estendido até o horizonte."

CONTEXTO:

A) "O sol brilhava intensamente no céu azul."

Esta alternativa não contém uma comparação. Descreve simplesmente o sol brilhando no céu azul.

B) "O vento soprava suavemente através das árvores."

Esta alternativa também não contém uma comparação. Descreve apenas o movimento do vento.

C) "O carro vermelho estava estacionado na rua."

Esta alternativa não contém uma comparação. Descreve a localização do carro.

D) "Os pássaros cantavam alegremente pela manhã."

Esta alternativa também não contém uma comparação. Descreve o comportamento dos pássaros.

E) "O mar era um tapete de azul profundo estendido até o horizonte."

Esta é a única alternativa que contém uma comparação. Ela compara o mar a um "tapete de azul profundo", usando a palavra "era".

Portanto, a resposta correta é a alternativa E) "O mar era um tapete de azul profundo estendido até o horizonte.", pois contém uma comparação.

Agora, vamos realizar uma análise das questões recentes aplicadas em concursos da Polícia Civil no Estado de São Paulo. Nesta análise, examinaremos cuidadosamente cada questão para fornecer uma compreensão detalhada das habilidades e conhecimentos necessários para enfrentar os desafios apresentados nos exames da PC-SP. Vamos mergulhar em cada questão e destacar os aspectos mais importantes para uma preparação eficaz.

"QUESTÃO: Ano: 2022 Banca: VUNESP Órgão: PC-SP Prova: VUNESP - 2022 - PC-SP - Investigador de Polícia

(...)

Assinale a alternativa em que a posição do pronome destacado está em conformidade com a norma-padrão de colocação pronominal.

Alternativas

a) Atualmente, ainda considera-se um marco histórico o domínio de técnicas de agricultura.
b) Se conhecendo a natureza de nossos ancestrais, será possível encontrar algumas respostas.
c) Nossa forma de organização resume-se ao que já era visto entre nossos ancestrais coletores.
d) A psicologia evolutiva tem dedicado-se a desvendar a origem de aspectos da nossa natureza.
e) Jamais soube-se o período de tempo em que os humanos sobreviveram da caça e da coleta."[4]

---

4. VUNESP. (2022). Prova para Investigador de Polícia da Polícia Civil do Estado de São Paulo. São Paulo: VUNESP.

A) “Atualmente, ainda se considera um marco histórico o domínio de técnicas de agricultura.”

Nesta alternativa, o pronome “se” está colocado corretamente antes do verbo “considera”, seguindo a norma-padrão da língua portuguesa.

B) “Se conhecendo a natureza de nossos ancestrais, será possível encontrar algumas respostas.”

Nesta alternativa, o pronome “se” está colocado de forma incorreta, pois deveria vir antes do verbo “conhecendo”. A forma correta seria: “Conhecendo-se a natureza de nossos ancestrais, será possível encontrar algumas respostas.”

C) “Nossa forma de organização resume-se ao que já era visto entre nossos ancestrais coletores.”

Nesta alternativa, não há um pronome “se” para avaliar a colocação pronominal.

D) “A psicologia evolutiva tem dedicado-se a desvendar a origem de aspectos da nossa natureza.” CORRETO.

Nesta alternativa, o pronome “se” está colocado corretamente antes do verbo “dedicado”, seguindo a norma-padrão da língua portuguesa.

E) “Jamais soube-se o período de tempo em que os humanos sobreviveram da caça e da coleta.”

Nesta alternativa, o pronome “se” está colocado de forma incorreta. A forma correta seria: “Jamais soube-se o período de tempo em que os humanos sobreviveram da caça e da coleta.”

“QUESTÃO Ano: 2022 Banca: VUNESP **Órgão:** PC-SP Prova: VUNESP - 2022 - PC-SP - Investigador de Polícia

(...)

Considere o seguinte trecho redigido a partir do texto:

Como os caçadores-coletores viviam em um ambiente em que ________ escassos os alimentos calóricos, ao encontrar algum fruto doce, ________ a ele com a avidez de quem tem a certeza de ser ________, além da pressa em ingerir rapidamente o alimento devido ao receio de surgirem concorrentes ________ a entrar em conflito pela iguaria.

Em conformidade com a norma-padrão de concordância verbal e nominal, as lacunas do texto devem ser preenchidas, respectivamente, com:

Alternativas

a) eram .... atirava-se ... afortunado ... disposto

b) eram .... atirava-se ... afortunados ... dispostos

c) era .... atiravam-se ... afortunados ... disposto

d) era .... atiravam-se ... afortunado ... disposto

e) eram .... atiravam-se ... afortunado ... dispostos[5]

Contexto:

A) "eram .... atirava-se ... afortunado ... disposto"

"eram" está correto para concordar com o sujeito implícito "os alimentos calóricos" (plural).

"atirava-se" está incorreto, pois deveria concordar com o sujeito implícito "quem" (plural). A forma correta seria "atiravam-se".

"afortunado" está incorreto, pois deveria concordar com o sujeito implícito "quem" (plural). A forma correta seria "afortunados".

"disposto" está correto para concordar com o sujeito implícito "quem" (singular).

5. VUNESP. (2022). Prova para Investigador de Polícia da Polícia Civil do Estado de São Paulo. São Paulo: VUNESP.

B) "eram .... atirava-se ... afortunados ... dispostos"

"eram" está correto para concordar com o sujeito implícito "os alimentos calóricos" (plural).

"atirava-se" está incorreto, pois deveria concordar com o sujeito implícito "quem" (plural). A forma correta seria "atiravam-se".

"afortunados" está correto para concordar com o sujeito implícito "quem" (plural).

"dispostos" está correto para concordar com o sujeito implícito "quem" (plural).

C) "era .... atiravam-se ... afortunados ... disposto"

"era" está correto para concordar com o sujeito implícito "o ambiente" (singular).

"atiravam-se" está correto para concordar com o sujeito implícito "concorrentes" (plural).

"afortunados" está correto para concordar com o sujeito implícito "quem" (plural).

"disposto" está incorreto, pois deveria concordar com o sujeito implícito "quem" (plural). A forma correta seria "dispostos".

D) "era .... atiravam-se ... afortunado ... disposto" CORRETO.

"era" está correto para concordar com o sujeito implícito "o ambiente" (singular).

"atiravam-se" está correto para concordar com o sujeito implícito "concorrentes" (plural).

"afortunado" está correto para concordar com o sujeito implícito "quem" (singular).

"disposto" está correto para concordar com o sujeito implícito "quem" (singular).

E) "eram .... atiravam-se ... afortunado ... dispostos"

"eram" está correto para concordar com o sujeito implícito "os alimentos calóricos" (plural).

"atiravam-se" está correto para concordar com o sujeito implícito "concorrentes" (plural).

"afortunado" está incorreto, pois deveria concordar com o sujeito implícito "quem" (plural). A forma correta seria "afortunados".

"dispostos" está correto para concordar com o sujeito implícito "quem" (plural).

"QUESTÃO Ano: 2022 Banca: VUNESP Órgão: PC-SP Prova: VUNESP - 2022 - PC-SP - Escrivão de Polícia

Assinale a alternativa em que os sinais indicativos de crase estão empregados de acordo com a norma-padrão.

Alternativas

a) Foi comunicado à todas as seções que os adiantamentos de salário estão suspensos, até à próxima semana.
b) Serão destinados recursos à populações desabrigadas, com especial atenção às crianças.
c) Os depoimentos serão colhidos de segunda à sexta- -feira, exigida à presença da autoridade competente.
d) Está definido que à partir da próxima semana os documentos serão enviados à matriz, para arquivamento.
e) A preferência no atendimento será dada àquelas pessoas que fizeram agendamento pelo site, como convém à ordem dos trabalhos.[6]

6. VUNESP. (2022). Prova para Escrivão de Polícia da Polícia Civil do Estado de São Paulo. São Paulo: VUNESP.

Análise:

A) "Foi comunicado à todas as seções que os adiantamentos de salário estão suspensos, até à próxima semana."

Nesta alternativa, o uso da crase em "à todas as seções" está incorreto, pois não há a fusão da preposição "a" com o artigo definido feminino "as". O correto seria "a todas as seções".

B) "Serão destinados recursos à populações desabrigadas, com especial atenção às crianças."

Nesta alternativa, o uso da crase em "à populações desabrigadas" está incorreto, pois não há a fusão da preposição "a" com o artigo definido feminino "as". O correto seria "a populações desabrigadas".

C) "Os depoimentos serão colhidos de segunda à sexta-feira, exigida à presença da autoridade competente."

Nesta alternativa, há dois erros: o primeiro é o uso de "à" antes de "sexta-feira", que está incorreto, pois não há fusão da preposição "a" com o artigo definido feminino "a". O segundo erro é o uso de "exigida à", onde "à" está incorreto. O correto seria "exigida a".

D) "Está definido que à partir da próxima semana os documentos serão enviados à matriz, para arquivamento."

Nesta alternativa, o uso da crase em "à partir da próxima semana" está incorreto, pois não há fusão da preposição "a" com o artigo definido feminino "a". O correto seria "a partir da próxima semana".

E) "A preferência no atendimento será dada àquelas pessoas que fizeram agendamento pelo site, como convém à ordem dos trabalhos." CORRETO.

Nesta alternativa, o uso da crase em "àquelas pessoas" está correto, pois há fusão da preposição "a" com o artigo definido feminino “as”. Além disso, o uso de “à” antes de “ordem dos trabalhos” está correto, indicando adequação ou conformidade.

QUESTÃO Ano: 2022 Banca: VUNESP Órgão: PC-SP Prova: VUNESP - 2022 - PC-SP - Escrivão de Polícia

Leia o poema, para responder à questão.

O homem vigia.
Dentro dele, estumados (*),
uivam os cães da memória.
Aquela noite, o luar
e o vento no cipó-prata e ele,
o medo a cavalo nele
ele a cavalo em fuga
das folhas do cipó-prata.
A mãe no fogão cantando,
os zangões, a poeira, o ar anímico.
Ladra seu sonho insone,
em saudade, vinagre e doçura.

(Adélia Prado, Insônia. Reunião de poesia.)

(*) Estumados: atiçados, provocados

É correto afirmar que, no poema, a expressão é marcada pela presença de

Alternativas

a) referências metafóricas, que se mostram em frases como – uivam os cães da memória.
b) catacreses, que se mostram em frases como – em saudade, vinagre e doçura.

c) comparações insólitas, que se mostram em frases como – os zangões, a poeira.

d) construções pleonásticas, que se mostram em frases como – Ladra seu sonho insone.

e) onomatopeias, que se mostram em frases como – A mãe no fogão cantando.[7]

Contexto:

A) "referências metafóricas, que se mostram em frases como – uivam os cães da memória."

Esta alternativa está incorreta. A expressão "uivam os cães da memória" é uma metáfora, não uma referência metafórica.

B) "catacreses, que se mostram em frases como – em saudade, vinagre e doçura."

Esta é a resposta correta. A palavra "vinagre" está sendo usada de forma catacrética, ou seja, é aplicada a um contexto onde não é seu uso literal, atribuindo-lhe um novo significado.

C) "comparações insólitas, que se mostram em frases como – os zangões, a poeira."

Esta alternativa está incorreta. "Os zangões, a poeira" não é uma comparação, mas uma enumeração de elementos que compõem o ambiente descrito.

D) "construções pleonásticas, que se mostram em frases como – Ladra seu sonho insone."

Esta alternativa está incorreta. "Ladra seu sonho insone" não é uma construção pleonástica.

7. VUNESP. (2022). Prova para Escrivão de Polícia da Polícia Civil do Estado de São Paulo. São Paulo: VUNESP.

E) "onomatopeias, que se mostram em frases como – A mãe no fogão cantando."

Esta alternativa está incorreta. "A mãe no fogão cantando" não é uma onomatopeia.

"QUESTÃO Ano: 2022 Banca: VUNESP Órgão: PC-SP Prova: VUNESP - 2022 - PC-SP - Escrivão de Polícia

Texto associado

Leia a tira, para responder à questão.

(Ciça, Pagando o pato)

É correto concluir que o efeito de sentido da tira está centrado

Alternativas

a) na desconexão entre as falas da personagem, as quais se contradizem.
b) na conclusão precipitada acerca do que deve ser realmente temido.
c) na ambiguidade gerada pela polissemia de um vocábulo.
d) no duplo sentido da expressão verbal "estou temendo".
e) na hesitação da personagem em se decidir pela palavra certa.[8]

8. VUNESP. (2022). Prova para Escrivão de Polícia da Polícia Civil do Estado de São Paulo. São Paulo: VUNESP.

Vamos analisar as alternativas:

A) "na desconexão entre as falas da personagem, as quais se contradizem."

Esta alternativa não está correta. Não há uma desconexão entre as falas da personagem; pelo contrário, há uma relação direta entre elas.

B) "na conclusão precipitada acerca do que deve ser realmente temido."

Esta alternativa também não está correta. Não há uma conclusão precipitada, pois a personagem está apenas expressando seu medo de uma maneira humorística.

C) "na ambiguidade gerada pela polissemia de um vocábulo."

Esta alternativa não está correta. Não há ambiguidade gerada pela polissemia de um vocábulo, mas sim um jogo de palavras com a expressão "estou temendo".

D) "no duplo sentido da expressão verbal "estou temendo". "CORRETO.

Esta é a resposta correta. A expressão "estou temendo" é utilizada tanto no sentido de "estou com medo" quanto no sentido de "estou antecipando algo negativo", criando um duplo sentido.

E) "na hesitação da personagem em se decidir pela palavra certa."

Esta alternativa não está correta. Não há indicação de hesitação por parte da personagem; ela simplesmente faz uso de um trocadilho com a expressão "estou temendo".

QUESTÃO Ano: 2018 Banca: VUNESP Órgão: PC-SP Prova: VUNESP - 2018 - PC-SP - Agente Policial

Leia a tira.

(Mort Walker. Recruta Zero. *O Estado de S. Paulo*. http://cultura.estadao.com.br/quadrinhos. 25.05.2018. Adaptado)

Considerando a correlação entre as formas verbais, conforme a norma-padrão, as lacunas devem ser preenchidas, respectivamente, com

Alternativas

a) ver ... reporte

b) vir ... reporte

c) verá ... reporta

d) veria ... reporte

e) visse ... reporta[9]

---

9. VUNESP. (2018). Prova para Agente Policial da Polícia Civil do Estado de São Paulo. São Paulo: VUNESP.

Para preencher as lacunas corretamente, de acordo com a norma-padrão, devemos considerar a correlação entre as formas verbais. Vamos analisar cada opção:

A) "ver ... reporte"

Esta opção está incorreta. Não há correlação adequada entre as formas verbais "ver" e "reporte".

B) "vir ... reporte"

Esta opção está incorreta. Não há correlação adequada entre as formas verbais "vir" e "reporte".

C) "verá ... reporta"

Esta opção está incorreta. "Verá" está no futuro do presente, enquanto "reporta" está no presente do indicativo. Não há correlação entre essas formas verbais.

D) "veria ... reporte"

Esta opção está correta. "Veria" está no condicional (futuro do pretérito) e "reporte" está no subjuntivo. Essas formas verbais estão corretamente correlacionadas.

E) "visse ... reporta"

Esta opção está incorreta. "Visse" está no pretérito imperfeito do subjuntivo, enquanto "reporta" está no presente do indicativo. Não há correlação entre essas formas verbais.

Portanto, a resposta correta é a opção: D- veria ... reporte

"QUESTÃO Ano: 2018 Banca: VUNESP Órgão: PC-SP Prova: VUNESP - 2018 - PC-SP - Agente Policial

Texto associado

O trabalho dignifica o homem. O lazer dignifica a vida

"Escolha um trabalho que você ame e não terá que trabalhar um único dia em sua vida." A frase do pensador Confúcio tem sido o mantra de muitos que, embalados pela concepção de que ofício e prazer não precisam se opor, buscam um estilo de vida no qual a fonte de renda seja também fonte de alegria e satisfação pessoal. A questão é: trabalho é sempre trabalho. Pode ser bom, pode ser até divertido, mas não substitui a capacidade que só o lazer possui de tirar o peso de um cotidiano regido por prazos, horários, metas.

Não são poucas as pessoas que eu conheço que negligenciam o descanso em prol da produção desenfreada, da busca frenética por resultado, ascensão, status, dinheiro. Algo de errado em querer tudo isso? A meu ver, não. E sim. Não, porque é digna a recusa à estagnação. Sim, quando ela compromete momentos de entretenimento, minando, aos poucos, a saúde física e mental de quem acha que sombra e água fresca são luxo e não merecimento.

Recentemente, um construtor com o qual eu conversava me disse que estava havia nove anos sem férias, e lamentou o pouco tempo passado com os netos. O patrimônio veio de dedicação e empenho, mas custou caro também. Na hora me perguntei se era realmente preciso escolher entre sucesso e diversão.

Poucas coisas são tão eficazes na função de honrar alguém quanto o ofício que se exerce. Momentos de pausa, porém, honram o próprio ofício. A vida se equilibra justamente na possibilidade de converter o dinheiro advindo do esforço em ingressos para o show da banda preferida, passeios no parque, pipoca quentinha e viagens de barco.

(Larissa Bittar. Revista Bula. www.revistabula.com. Adaptado)

Há palavras empregadas com sentido figurado em:

Alternativas

a) "um construtor com o qual eu conversava me disse" (3° parágrafo).

b) "me perguntei se era realmente preciso escolher" (3° parágrafo).

c) "Não são poucas as pessoas que eu conheço que negligenciam o descanso" (2° parágrafo).

d) "quem acha que sombra e água fresca são luxo e não merecimento" (2°parágrafo).

e) "lamentou o pouco tempo passado com os netos" (3° parágrafo)."[10]

Para identificar as palavras empregadas com sentido figurado, é necessário analisar o contexto em que estão inseridas e se estão sendo usadas de forma não literal. Vamos analisar cada opção:

A) "um construtor com o qual eu conversava me disse" (3° parágrafo).

Esta opção não apresenta palavras empregadas com sentido figurado. A expressão "um construtor" se refere literalmente a uma pessoa que trabalha na construção.

B) "me perguntei se era realmente preciso escolher" (3° parágrafo).

Esta opção não apresenta palavras empregadas com sentido figurado. "Perguntar-se" é uma expressão comum que indica o ato de questionar a si mesmo.

C) "Não são poucas as pessoas que eu conheço que negligenciam o descanso" (2° parágrafo).

Esta opção não apresenta palavras empregadas com sentido figurado. "Negligenciar o descanso" é uma expressão que significa não dar importância ao repouso.

D) "quem acha que sombra e água fresca são luxo e não merecimento" (2° parágrafo).

10. VUNESP. (2018). Prova para Agente Policial da Polícia Civil do Estado de São Paulo. São Paulo: VUNESP.

Esta é a resposta correta. A expressão "sombra e água fresca" é utilizada com sentido figurado, representando um estado de tranquilidade e descanso, não necessariamente físico, mas também emocional e mental.

E) "lamentou o pouco tempo passado com os netos" (3° parágrafo).

Esta opção não apresenta palavras empregadas com sentido figurado. "Lamentar o pouco tempo" é uma expressão que indica tristeza ou arrependimento por não ter passado muito tempo com alguém.

Portanto, a resposta correta é: D- "quem acha que sombra e água fresca são luxo e não merecimento" (2°parágrafo).

"QUESTÃO Ano: 2018 Banca: VUNESP Órgão: PC-SP Prova: VUNESP - 2018 - PC-SP - Agente Policial

Texto associado

O trabalho dignifica o homem. O lazer dignifica a vida

"Escolha um trabalho que você ame e não terá que trabalhar um único dia em sua vida." A frase do pensador Confúcio tem sido o mantra de muitos que, embalados pela concepção de que ofício e prazer não precisam se opor, buscam um estilo de vida no qual a fonte de renda seja também fonte de alegria e satisfação pessoal. A questão é: trabalho é sempre trabalho. Pode ser bom, pode ser até divertido, mas não substitui a capacidade que só o lazer possui de tirar o peso de um cotidiano regido por prazos, horários, metas.

Não são poucas as pessoas que eu conheço que negligenciam o descanso em prol da produção desenfreada, da busca frenética por resultado, ascensão, status, dinheiro. Algo de errado em querer tudo isso? A meu ver, não. E sim. Não, porque é digna a recusa à estagnação. Sim, quando ela compromete momentos de entretenimento, minando, aos poucos, a saúde física e mental de quem acha que sombra e água fresca são luxo e não merecimento.

Recentemente, um construtor com o qual eu conversava me disse que estava havia nove anos sem férias, e lamentou o pouco tempo passado com os netos. O patrimônio veio de dedicação e empenho, mas custou caro também. Na hora me perguntei se era realmente preciso escolher entre sucesso e diversão.

Poucas coisas são tão eficazes na função de honrar alguém quanto o ofício que se exerce. Momentos de pausa, porém, honram o próprio ofício. A vida se equilibra justamente na possibilidade de converter o dinheiro advindo do esforço em ingressos para o show da banda preferida, passeios no parque, pipoca quentinha e viagens de barco.

(Larissa Bittar. Revista Bula. www.revistabula.com. Adaptado)

A referência ao construtor, no terceiro parágrafo, serve para

Alternativas

a) exemplificar que a opção pelo lazer pressupõe a recusa do sucesso.

b) denunciar um comportamento cada vez mais raro entre as pessoas.

c) mostrar como a dedicação excessiva ao trabalho pode levar à frustração.

d) ilustrar o quanto o trabalho pode destruir a saúde física e mental de alguém.

e) demonstrar que a preocupação com os bens materiais é antiética."[11]

---

11. VUNESP. (2018). Prova para Agente Policial da Polícia Civil do Estado de São Paulo. São Paulo: VUNESP.

Análise:

A) "exemplificar que a opção pelo lazer pressupõe a recusa do sucesso."

Esta alternativa não está de acordo com o texto. O exemplo do construtor não sugere que a opção pelo lazer seja uma recusa do sucesso, mas sim que a dedicação excessiva ao trabalho pode levar à negligência de outros aspectos da vida, como o tempo com a família e o descanso.

B) "denunciar um comportamento cada vez mais raro entre as pessoas."

Esta alternativa também não está correta. O texto não denuncia o comportamento do construtor como algo raro, mas sim como uma consequência da dedicação extrema ao trabalho.

C) "mostrar como a dedicação excessiva ao trabalho pode levar à frustração."

Esta é a resposta correta. O exemplo do construtor que está há nove anos sem férias e lamenta o pouco tempo com os netos ilustra como a dedicação excessiva ao trabalho pode resultar em frustração por negligenciar outros aspectos importantes da vida.

D) "ilustrar o quanto o trabalho pode destruir a saúde física e mental de alguém."

Esta alternativa não está em conformidade com o texto. Embora a dedicação excessiva ao trabalho possa ter impactos negativos na saúde física e mental, o texto não aborda especificamente essa questão em relação ao construtor mencionado.

E) "demonstrar que a preocupação com os bens materiais é antiética."

Esta alternativa não está de acordo com o texto. O exemplo do construtor não está relacionado à preocupação com os bens materiais ser antiética, mas sim aos efeitos negativos da dedicação excessiva ao trabalho na qualidade de vida e no bem-estar pessoal.

"QUESTÃO Ano: 2022 Banca: VUNESP Órgão: PC-SP Prova: VUNESP - 2022 - PC-SP - Escrivão de Polícia

Texto associado

Leia o texto, para responder à questão.

Dizer não com clareza é uma das primeiras habilidades adquiridas pelos seres humanos. No início da vida, muito antes de aprenderem a falar, os bebês já são capazes pode de deixar claro que estão descontentes com a temperatura da água do banho, ou que já saciaram a fome e não querem mais mamar. Nada disso, no entanto, impede que, quando cresçam, muitas pessoas sejam incapazes de negar um pedido, não importa de onde venha. A maioria, pelo jeito: estudo conduzido pelo departamento de psicologia comportamental da prestigiada Universidade Cornell, nos Estados Unidos, concluiu que as pessoas são mais afeitas a dizer sim do que não. Ao longo de quinze anos, a pesquisadora Vanessa Bohns realizou experimentos sociais com cerca de 15 000 pessoas, seguindo um mesmo roteiro: sua equipe abordava estranhos na rua e pedia que fizessem alguma coisa inesperada.

A dificuldade de negar ajuda ou pedido tem raízes na pré-história, quando se percebeu que as chances de sobrevivência eram maiores se as pessoas se organizassem em bandos e colaborassem umas com as outras do que se vagassem sozinhas por ambientes inóspitos e cheios de perigo. "Agindo em conjunto, a humanidade se mostrou capaz de obter ganhos para sua sobrevivência. Por isso, se uma pessoa lhe pede um favor, a reação natural é colaborar com ela", explica Ariovaldo Silva Júnior, neurocientista da UFMG. Nos tempos modernos, esse condicionamento virou, em algumas pessoas, motivo de enorme angústia, sintoma de um distúrbio conhecido como ansiedade de insinuação. O problema se manifesta cada vez que o indivíduo se vê, de alguma forma, forçado a fazer algo que não quer, apenas para não se sentir rejeitado pelos pares. Albert Einstein, um dos mais brilhantes angustiados, escreveu: "Toda vez que diz sim querendo dizer não, morre um pedaço de você".

(Matheus Deccache e Ricardo Ferraz, Palavrinha difícil. Veja, 23.02.2022. Adaptado)

O trecho destacado na passagem do segundo parágrafo – Por isso, se uma pessoa lhe pede um favor, a reação natural é colaborar com ela. – está corretamente redigido e preserva o sentido original em:

Alternativas

a) caso uma pessoa lhe peça

b) desde que uma pessoa lhe pedir

c) a menos que uma pessoa lhe peça

d) se caso uma pessoa lhe peça

e) exceto se uma pessoa lhe pedir".[12]

Vamos analisar cada alternativa individualmente:

A) "caso uma pessoa lhe peça"

Esta alternativa não mantém o mesmo sentido do texto original. A expressão "caso" indica uma condição hipotética, sugerindo que a colaboração ocorreria apenas se a pessoa pedisse um favor, o que não condiz com a ideia de reação natural à solicitação.

B) "desde que uma pessoa lhe pedir"

Esta alternativa também não mantém o mesmo sentido do texto original. "Desde que" indica uma condição inicial para a colaboração, o que não é o caso do texto, que destaca a reação natural à solicitação sem indicar uma condição específica.

12. VUNESP. (2022). Prova para Escrivão de Polícia da Polícia Civil do Estado de São Paulo. São Paulo: VUNESP.

C) "a menos que uma pessoa lhe peça"

Esta é a resposta correta. "A menos que" introduz uma condição que nega a ocorrência da ação principal, o que está de acordo com o sentido do texto, indicando que a colaboração ocorre naturalmente, a menos que a pessoa não peça um favor.

D) "se caso uma pessoa lhe peça"

Esta alternativa apresenta uma redundância, pois tanto "se" quanto "caso" indicam uma condição. Além disso, não mantém o mesmo sentido do texto original, sugerindo que a colaboração ocorreria apenas se a pessoa pedisse um favor.

E) "exceto se uma pessoa lhe pedir"

Esta alternativa não mantém o mesmo sentido do texto original. "Exceto se" indica uma exceção à condição de colaboração, o que não condiz com a ideia de reação natural à solicitação.

"QUESTÃO Ano: 2022 Banca: VUNESP Órgão: PC-SP Prova: VUNESP - 2022 - PC-SP - Escrivão de Polícia

Texto associado

Leia o texto, para responder à questão.

Dizer não com clareza é uma das primeiras habilidades adquiridas pelos seres humanos. No início da vida, muito antes de aprenderem a falar, os bebês já são capazes de deixar claro que estão descontentes com a temperatura da água do banho, ou que já saciaram a fome e não querem mais mamar. Nada disso, no entanto, impede que, quando cresçam, muitas pessoas sejam incapazes de negar um pedido, não importa de onde venha. A maioria, pelo jeito: estudo conduzido pelo departamento de psicologia comportamental da prestigiada Universidade Cornell, nos Estados Unidos, concluiu que as pessoas são mais afeitas a dizer sim do que não. Ao longo de quinze anos, a pesquisadora Vanessa Bohns realizou experimentos sociais com cerca de 15.000

pessoas, seguindo um mesmo roteiro: sua equipe abordava estranhos na rua e pedia que fizessem alguma coisa inesperada.

A dificuldade de negar ajuda ou pedido tem raízes na pré-história, quando se percebeu que as chances de sobrevivência eram maiores se as pessoas se organizassem em bandos e colaborassem umas com as outras do que se vagassem sozinhas por ambientes inóspitos e cheios de perigo. "Agindo em conjunto, a humanidade se mostrou capaz de obter ganhos para sua sobrevivência. Por isso, se uma pessoa lhe pede um favor, a reação natural é colaborar com ela", explica Ariovaldo Silva Júnior, neurocientista da UFMG. Nos tempos modernos, esse condicionamento virou, em algumas pessoas, motivo de enorme angústia, sintoma de um distúrbio conhecido como ansiedade de insinuação. O problema se manifesta cada vez que o indivíduo se vê, de alguma forma, forçado a fazer algo que não quer, apenas para não se sentir rejeitado pelos pares. Albert Einstein, um dos mais brilhantes angustiados, escreveu: "Toda vez que diz sim querendo dizer não, morre um pedaço de você".

(Matheus Deccache e Ricardo Ferraz, Palavrinha difícil. Veja, 23.02.2022. Adaptado)

Para responder à questão, considere a seguinte passagem do primeiro parágrafo.

Nada disso, no entanto, impede que, quando cresçam, muitas pessoas sejam incapazes de negar um pedido, não importa de onde venha.

Assinale a alternativa que substitui o trecho destacado em – não importa de onde venha –, atendendo à norma- -padrão de regência e conjugação verbal, independentemente do sentido do texto.

Alternativas

a) aonde more

b) onde procede

c) aonde está

d) aonde vá

e) onde se dirija."[13]

Ao analisarmos cada alternativa:

A) aonde more

Esta opção não é adequada, pois "more" não é o verbo correto para expressar a ideia de origem do pedido.

B) onde procede

Esta alternativa também não é a mais apropriada, pois "procede" não é o verbo adequado para transmitir a ideia de origem do pedido.

C) aonde está

Esta opção não é a melhor escolha, pois "está" não se encaixa corretamente na estrutura da frase para expressar a origem do pedido.

D) aonde vá

Esta alternativa é a mais adequada. "Vá" expressa corretamente a ideia de origem do pedido e está de acordo com a norma padrão de regência e conjugação verbal.

E) onde se dirija

Esta opção não é a mais apropriada, pois "se dirija" não é a construção verbal mais adequada para transmitir a ideia de origem do pedido.

Portanto, a resposta correta é a alternativa D) aonde vá. Isso mantém a concordância verbal e a regência de forma adequada na frase.

13. VUNESP. (2022). Prova para Escrivão de Polícia da Polícia Civil do Estado de São Paulo. São Paulo: VUNESP.

15. COERÊNCIA E COESÃO (ANÁFORA, CATÁFORA, USO DE CONECTORES E CONJUNÇÕES)

Coesão e coerência são pilares essenciais na construção de textos claros e compreensíveis. A coesão textual diz respeito à conexão harmoniosa entre as partes do texto, alcançada através do uso adequado de recursos linguísticos. Pronomes, conjunções, advérbios e a repetição lexical são ferramentas valiosas nesse processo, promovendo uma ligação fluida entre as ideias apresentadas. Por exemplo, ao utilizar pronomes como "ele" ou "eles" para se referir a substantivos previamente mencionados, evitamos redundâncias e contribuímos para a fluidez do texto.

Noutra senda, a coerência textual está relacionada à lógica e à clareza das informações transmitidas. Um texto coeso é aquele em que as ideias são apresentadas de forma organizada e sequencial, seguindo uma linha de raciocínio compreensível. Quando as informações estão dispostas de maneira coerente, o leitor consegue acompanhar facilmente o desenvolvimento do texto e compreender suas mensagens de forma mais eficaz.

A presença simultânea de coesão e coerência em um texto é crucial para uma comunicação eficaz entre autor e leitor. Quando esses elementos estão presentes, a compreensão das ideias transmitidas torna-se mais acessível e a mensagem é comunicada de maneira mais clara e precisa. Desta feita, a coesão e a coerência não apenas facilitam a leitura e compreensão do texto, mas também fortalecem a qualidade da comunicação escrita como um todo.

15.1. Anáfora

A anáfora é uma figura de linguagem utilizada na construção textual que consiste na repetição de palavras ou expressões no início de frases, versos ou períodos. Essa técnica tem o propósito de enfatizar uma ideia, criar ritmo e impacto, além de contribuir para a coesão e unidade do texto. Ao repetir deliberadamente certas palavras ou frases, o autor chama a atenção do leitor para um ponto específico, tornando-o mais perceptível e memorável.

A anáfora pode ser encontrada em diversos tipos de textos, desde discursos políticos e poesias até prosa narrativa e publicidade. Sua utilização é comum na retórica, onde ajuda a reforçar argumentos e a criar um efeito persuasivo sobre o público. Na poesia, a anáfora é frequentemente empregada para criar padrões rítmicos e evocar emoções, enquanto na prosa narrativa, pode ser utilizada para guiar a narrativa e destacar momentos importantes.

Além disso, a anáfora também desempenha um papel importante na organização textual, fornecendo uma estrutura coesa e facilitando a compreensão do leitor. Ao repetir certas palavras ou expressões ao longo do texto, o autor estabelece conexões entre as diferentes partes da obra, criando uma unidade temática e garantindo uma experiência de leitura mais envolvente.

Seguem exemplos de anáfora presentes em letras de músicas nacionais:

"Felicidade" - Marcelo Jeneci: Na música "Felicidade" de Marcelo Jeneci, a expressão "Felicidade é só questão de ser" é repetida no início de várias frases ao longo da música. Essa anáfora enfatiza a ideia central da canção, que é a simplicidade e a importância de ser feliz.

"Ela une todas as coisas" - Jorge Vercilo: Em "Ela une todas as coisas" de Jorge Vercilo, a expressão "Ela une todas as coisas" é repetida no início de cada verso. Essa anáfora contribui para destacar a força e a importância da personagem central da música na vida do cantor, criando uma atmosfera de admiração e reverência.

"Ainda Bem" - Marisa Monte: Na música "Ainda Bem" de Marisa Monte, a expressão "Ainda bem que você vive comigo" é repetida diversas vezes ao longo da canção. Essa anáfora ressalta a gratidão e a felicidade do eu lírico por ter a pessoa amada ao seu lado, conferindo à música um tom romântico e emocional.

Esses exemplos demonstram como a anáfora é uma técnica frequentemente utilizada na composição de letras de músicas brasileiras, contribuindo para sua estrutura poética e para a transmissão de sentimentos e ideias de forma marcante e envolvente.

15.2. Catáfora

A catáfora é uma figura de linguagem que opera de forma oposta à anáfora, pois em vez de repetir uma palavra ou expressão no início de duas ou mais frases, ela antecipa uma palavra ou expressão que será posteriormente explicada ou completada. Essa técnica é utilizada para orientar o leitor ou ouvinte sobre o que virá a seguir no texto, preparando-o para a compreensão do conteúdo subsequente.

No contexto da gramática e da linguística, a catáfora é definida como uma referência antecipada a um elemento linguístico posterior. Isso pode ocorrer através do uso de pronomes, advérbios, expressões ou outras palavras que apontam para algo que será mencionado posteriormente no texto. Essa antecipação contribui para a coesão textual, conectando as partes do texto e guiando o leitor na compreensão do conteúdo.

Um exemplo comum de catáfora pode ser encontrado em uma narrativa em que um pronome é utilizado para se referir a um substantivo que será introduzido mais adiante na história. Por exemplo, em uma história sobre um personagem chamado João, o autor pode usar a catáfora ao dizer "Ele era um rapaz inteligente". Aqui, o pronome "ele" antecipa a introdução do nome "João", que é apresentado posteriormente no texto.

Já na comunicação oral, a catáfora pode ser utilizada para direcionar a atenção do interlocutor para um tópico que será discutido mais adiante em uma conversa. Por exemplo, em uma palestra sobre tecnologia, o palestrante pode começar mencionando "os avanços na inteligência artificial", utilizando a catáfora para preparar o público para uma discussão mais detalhada sobre esse tema posteriormente na apresentação.

A catáfora é uma figura de linguagem que consiste na antecipação de um elemento linguístico posterior, seja ele um substantivo, pronome, advérbio ou expressão. Essa técnica é fundamental para guiar o leitor na compreensão do texto, estabelecendo conexões entre as partes e facilitando a fluidez da comunicação escrita e oral.

Um exemplo claro de catáfora pode ser encontrado em narrativas literárias, onde o autor utiliza essa técnica para preparar o leitor para o surgimento de personagens, eventos ou detalhes importantes. Por exemplo, ao iniciar uma história com a frase "Aquela garota misteriosa caminhava pelas ruas escuras da cidade", o autor está criando uma catáfora ao introduzir a personagem principal de maneira enigmática, antecipando sua relevância na trama. Neste caso, a expressão "Aquela garota misteriosa" serve como um indicativo de que a protagonista terá um papel significativo na história que se desdobrará nas próximas páginas.

Em discursos públicos, a catáfora também é frequentemente utilizada para orientar a audiência sobre os tópicos que serão abordados posteriormente na apresentação. Por exemplo, um palestrante que inicia sua fala com a frase "Nas próximas etapas deste projeto, discutiremos os desafios enfrentados e as soluções propostas" está empregando a catáfora para direcionar a atenção do público para os temas que serão explorados mais adiante. Essa técnica ajuda a criar uma sensação de continuidade e coesão na apresentação, facilitando a compreensão e o acompanhamento do conteúdo pelos ouvintes.

Adicionalmente, na comunicação cotidiana, a catáfora pode ser utilizada em diálogos para antecipar informações ou eventos que serão compartilhados posteriormente na conversa. Por exemplo, ao dizer "Você não vai acreditar na história que ouvi hoje", a pessoa está criando uma catáfora ao indicar que irá compartilhar uma história surpreendente ou intrigante. Isso prepara o interlocutor para ouvir atentamente o que será dito em seguida, aumentando o impacto da narrativa.

15.3. Uso de conectores e conjunções

Os conectores e conjunções são elementos fundamentais na coesão e coerência textual, atuando como pontes que ligam ideias e partes do texto. Na gramática, os conectores são palavras ou expressões que estabelecem relações lógicas entre diferentes partes do discurso, enquanto as conjunções são uma classe específica de conectores que ligam elementos gramaticais, como palavras, frases ou orações, dentro de uma mesma frase. Esses elementos desempenham um papel crucial na organização do texto, proporcionando uma estrutura coesa e facilitando a compreensão do leitor.

Os conectores e conjunções podem indicar diferentes tipos de relações, como adição, contraste, causa, consequência, condição, entre outros. Por exemplo, conectores como "além disso", "por outro lado" e, "portanto", indicam adição, contraste e consequência, respectivamente. Essas palavras ajudam a conectar ideias e a orientar o leitor na compreensão das relações entre os diversos elementos do texto.

Mais ainda, os conectores e conjunções são fundamentais para criar fluidez na escrita e evitar a fragmentação do texto. Eles permitem que as ideias sejam apresentadas de maneira organizada e sequencial, garantindo uma progressão lógica do discurso. Por exemplo, ao usar conjunções como "e", "mas" e "porque", o autor pode encadear frases e orações de forma coesa, criando uma narrativa coesa e fácil de seguir.

Em síntese, os conectores e conjunções desempenham um papel essencial na construção de textos coesos e compreensíveis. Eles ajudam a estabelecer relações entre as partes do texto, fornecendo uma estrutura lógica e facilitando a transmissão eficaz das ideias do autor para o leitor.

Abaixo encontram-se 10 exemplos de conectores e 10 exemplos de conjunções:

Conectores:

1. Além disso, é importante considerar os impactos ambientais das nossas ações.
2. Por outro lado, alguns defendem que a tecnologia pode ser uma aliada na educação.
3. Portanto, concluímos que é necessário investir em energias renováveis.
4. Por exemplo, podemos observar o comportamento dos animais para entender melhor a natureza.
5. Contudo, devemos estar cientes dos desafios que enfrentaremos.
6. Em conclusão, podemos afirmar que a saúde mental é tão importante quanto a saúde física.
7. Ademais, devemos lembrar que a educação é um direito fundamental de todos.
8. Assim, podemos alcançar um equilíbrio entre vida profissional e pessoal.
9. Dessa forma, podemos garantir um futuro sustentável para as próximas gerações.

10. Igualmente, devemos considerar as opiniões de todos os envolvidos no processo.

Conjunções:

1. Ele queria viajar, mas estava sem dinheiro.
2. Você pode estudar agora ou depois, como preferir.
3. Ela saiu correndo quando ouviu a campainha.
4. Não importa o que aconteça, estaremos sempre juntos.
5. Se chover, nós vamos cancelar o passeio.
6. Embora estivesse cansado, ele continuou trabalhando.
7. Quando chegamos, a festa já havia terminado.
8. Ele gostaria de participar, mas não pode.
9. Não só estudou, como também se dedicou aos projetos extracurriculares.
10. Enquanto ela cozinhava, ele arrumava a casa.

Esses exemplos demonstram como conectores e conjunções são usados para estabelecer relações lógicas entre partes do discurso e manter a coesão e a clareza no texto.

16. VOZ PASSIVA E ATIVA

A voz passiva e a voz ativa são duas formas gramaticais diferentes de expressar a relação entre o sujeito e o verbo em uma frase. Essas duas vozes têm suas próprias características e são utilizadas em diferentes contextos, dependendo do foco da informação que se deseja transmitir e da estrutura da frase.

Na voz ativa, o sujeito desempenha o papel de agente da ação, estando diretamente envolvido na execução do verbo. Por exemplo, na frase "O menino chutou a bola", o sujeito "o menino" realiza a ação de chutar a bola. Esse é o formato mais comum e direto de expressar uma ação, pois coloca o foco no agente que executa a ação.

Por outro lado, na voz passiva, o sujeito da frase é quem sofre a ação, não sendo o agente responsável por executá-la. Por exemplo, na frase "A bola foi chutada pelo menino", o sujeito "a bola" recebe a ação de ser chutada pelo menino, mas o menino não é explicitamente mencionado como o agente da ação. A voz passiva é frequentemente utilizada quando o agente da ação não é conhecido, não é relevante ou é menos importante que o objeto da ação.

A voz passiva pode ser formada de diferentes maneiras, mas geralmente envolve o uso do verbo auxiliar "ser" conjugado no tempo verbal adequado, seguido pelo particípio passado do verbo principal. Por exemplo, na frase "O livro foi lido por muitas pessoas", o verbo auxiliar "foi" indica que a voz está na forma passiva, enquanto o particípio passado "lido" expressa a ação que ocorreu com o livro.

É importante notar que o uso da voz passiva pode resultar em uma estrutura de frase mais complexa e menos direta do que a voz ativa. No entanto, ela é útil em situações em que se deseja enfatizar o objeto da ação, ocultar o agente da ação ou variar a estrutura das frases para evitar repetições ou tornar o texto mais interessante.

Em poucas palavras, a voz ativa e a voz passiva são duas formas gramaticais distintas de expressar a relação entre o sujeito e o verbo em uma frase. A voz ativa coloca o foco no agente que executa a ação, enquanto a voz passiva destaca o objeto que recebe a ação. Ambas as vozes têm suas próprias características e são usadas em diferentes contextos para transmitir informações de maneira eficaz e variada.

Em suma, após todo o elucidado, temos que o estudo da gramática é de extrema importância para aqueles que almejam alcançar sucesso em concursos públicos. Ainda por cima, o conhecimento gramatical é um diferencial fundamental na produção de textos claros, coesos e bem estruturados, requisito essencial em diversas etapas de concursos públicos que exigem redação ou elaboração de pareceres técnicos.

Dominar aspectos como a coesão textual e as figuras de linguagem permite ao candidato expressar suas ideias de maneira mais precisa e persuasiva, o que pode ser determinante para alcançar uma pontuação elevada em avaliações discursivas. Investir no estudo da gramática não apenas melhora a performance em questões específicas de provas, mas também desenvolve habilidades cruciais para a compreensão, interpretação e produção de textos, aspectos fundamentais em concursos públicos e em diversas áreas profissionais.

REFERÊNCIAS BIBLIOGRÁFICAS

COLEÇÃO CONCURSOS PÚBLICOS - NÍVEL MÉDIO & SUPERIOR - PORTUGUÊS. N.p.: Saraiva Educação S.A., 2017.

Nossa gramática completa. N.p., Matrix Editora, 2021.

Nova gramática para concursos: praticando a língua portuguesa. N.p.: LEXIKON Editora Digital ltda, 2022.

PESTANA, Fernando. A gramática para concursos públicos. Elsevier Editora Ltda, 2013.

SQUARISI, Dad. 50 Dicas para uso da Gramática. [Digite o Local da Editora]: Editora Saraiva, 2021. E-book. ISBN 9786587958217. Disponível em: https://integrada.minhabiblioteca.com.br/#/books/9786587958217/. Acesso em: 11 mar. 2024.

TERRA, Ernani. Linguagem, língua e fala - 3ED. [Digite o Local da Editora]: Editora Saraiva, 2018. E-book. ISBN 9788553131112. Disponível em: https://integrada.minhabiblioteca.com.br/#/books/9788553131112/. Acesso em: 11 mar. 2024.

VUNESP. (2022). Prova para Investigador de Polícia da Polícia Civil do Estado de São Paulo. São Paulo: VUNESP.

QUESTÕES OBJETIVAS E QUESTÕES PARA O EXAME ORAL[14]

17. QUESTÕES OBJETIVAS

Leitura e Interpretação de Textos

1. O que é um texto verbal? A) Um texto que utiliza sinais e símbolos. B) Um texto que comunica por meio de imagens. C) Um texto que utiliza palavras faladas ou escritas. D) Um texto que mescla elementos visuais e verbais.

   Resposta: C

2. Qual a principal característica de um texto narrativo? A) Descrição detalhada de cenários. B) Apresentação de ações de personagens no tempo e no espaço. C) Exposição de dados estatísticos. D) Instrução sobre procedimentos específicos.

   Resposta: B

14. As questões objetivas e as questões para o exame oral foram elaboradas com o auxílio da plataforma ChatGPT 4, desenvolvida pela OpenAI, com o intuito de fornecer conteúdo atualizado e relevante para o estudo do Direito Constitucional.

3. Identifique o tipo de texto: "A raposa e as uvas." A) Texto descritivo B) Texto argumentativo C) Texto narrativo D) Texto expositivo

   Resposta: C

4. Qual a estrutura básica de um texto argumentativo? A) Introdução, desenvolvimento e conclusão. B) Apresentação, desenvolvimento, clímax e fechamento. C) Lista, introdução, desenvolvimento e conclusão. D) Exposição, argumentação e desenvolvimento.

   Resposta: A

5. Qual é um exemplo de texto injuntivo? A) Artigo de opinião B) Receita culinária C) Notícia de jornal D) Poema

   Resposta: B

   Ortografia e Acentuação

6. Qual das alternativas está correta em relação à ortografia? A) infrigiu B) inflingiu C) infligiu D) infrigio

   Resposta: C

7. Qual das palavras abaixo é acentuada corretamente? A) Ideia B) Hifem C) Juiz D) País

   Resposta: D

8. Marque a alternativa em que todas as palavras estão corretamente acentuadas: A) Fósil, árduo, órfão B) Fóssil, ardo, órfão C) Fóssil, árduo, órfão D) Fóssil, árduo, órfao

   Resposta: C

9. Em qual das alternativas a palavra "intuição" está acentuada corretamente? A) Intuíção B) Intuicao C) Intuìção D) Intuição

   Resposta: D

10. Qual das palavras abaixo deve receber acento gráfico conforme as regras de acentuação da língua portuguesa? A) Heroi B) Paranoia C) Chapeu D) Jaú

    Resposta: D

Sinônimos e Antônimos

11. Qual a alternativa que apresenta sinônimos? A) Alegre, triste B) Falar, calar C) Doce, amargo D) Rápido, veloz

    Resposta: D

12. Qual das alternativas abaixo apresenta antônimos? A) Amável, gentil B) Bonito, lindo C) Calmo, agitado D) Forte, robusto

    Resposta: C

13. Indique o sinônimo de "sagaz": A) Tolo B) Astuto C) Ingênuo D) Lento

    Resposta: B

14. Qual é o antônimo de "corajoso"? A) Valente B) Medroso C) Audacioso D) Destemido

    Resposta: B

15. Qual das alternativas apresenta sinônimos? A) Escuro, claro B) Feliz, contente C) Pequeno, grande D) Triste, alegre

    Resposta: B

    Tipologia Textual e Gêneros Textuais

16. Qual das opções descreve corretamente um texto descritivo? A) Relata ações de personagens ao longo do tempo. B) Expõe características de objetos, lugares ou pessoas. C) Defende um ponto de vista com argumentos. D) Instrui o leitor sobre como realizar uma tarefa.

    Resposta: B

17. O que caracteriza um texto expositivo? A) Apresenta instruções e orientações. B) Expõe informações e explicações sobre um tema. C) Narra histórias fictícias ou reais. D) Descreve características sensoriais de algo.

    Resposta: B

18. Qual é um exemplo de gênero textual narrativo? A) Receita B) Notícia C) Biografia D) Ensaio

    Resposta: C

19. Identifique o tipo textual: "Manuais de instrução de eletrodomésticos." A) Narrativo B) Descritivo C) Injuntivo D) Expositivo

    Resposta: C

20. Qual é uma característica de um texto argumentativo? A) Apresentação de uma sequência cronológica de eventos. B) Descrição detalhada de um objeto ou lugar. C) Defesa de uma ideia com justificativas e evidências. D) Exposição de dados e informações factuais.

    Resposta: C

Pontuação

21. Qual das frases abaixo utiliza a vírgula corretamente? A) Maria foi ao mercado, e comprou frutas legumes e pão. B) Maria foi ao mercado e comprou frutas, legumes e pão. C) Maria foi, ao mercado e comprou frutas, legumes e pão. D) Maria foi ao mercado, e comprou frutas, legumes e pão.

    Resposta: B

22. Qual das frases a seguir está correta quanto ao uso do ponto e vírgula? A) João gosta de ler; e Maria gosta de escrever. B) João gosta de ler; Maria gosta de escrever. C) João gosta de

ler, Maria gosta de escrever. D) João gosta de ler: Maria gosta de escrever.

Resposta: B

23. Assinale a frase que faz uso adequado dos dois-pontos: A) Ela queria tudo: felicidade, amor, sucesso. B) Ela queria tudo; felicidade, amor, sucesso. C) Ela queria tudo, felicidade, amor, sucesso. D) Ela queria tudo - felicidade, amor, sucesso.

    Resposta: A

24. Qual a função do travessão no texto a seguir: "Pedro disse – com muita certeza – que o evento seria um sucesso." A) Indicar uma pausa curta. B) Introduzir uma fala de personagem. C) Destacar um comentário ou explicação. D) Separar elementos em uma lista.

    Resposta: C

25. Qual das frases está correta quanto ao uso de aspas? A) Ele disse: você é "muito inteligente". B) Ele disse: "você é muito inteligente". C) Ele disse "você é muito inteligente". D) Ele disse você é muito inteligente.

    Resposta: B

Classes de Palavras

26. Qual das alternativas apresenta apenas substantivos? A) Casa, belo, rapidamente B) Correr, azul, amor C) Casa, amor, livro D) Forte, claro, lentamente

    Resposta: C

27. Assinale a alternativa que contém apenas adjetivos: A) Inteligente, belo, alegre B) Rapidamente, devagar, lá C) Casa, mesa, carro D) Forte, fraco, lentamente

    Resposta: A

28. Qual das frases abaixo utiliza corretamente um advérbio? A) Ela é uma pessoa rapidamente. B) Ela corre rapidamente. C) Ela rapidamente é. D) Ela uma pessoa rapidamente.

    Resposta: B

29. Qual é a função do pronome na frase: "Ela entregou o documento para mim"? A) Substituir o substantivo. B) Indicar uma ação. C) Descrever uma característica. D) Conectar palavras.

    Resposta: A

30. Qual das palavras abaixo é uma preposição? A) Casa B) Alegre C) Rapidamente D) Sobre

    Resposta: D

Emprego de Tempos e Modos Verbais

31. Em qual das frases o verbo está no modo subjuntivo? A) Eu quero que você venha. B) Ele estuda todos os dias. C) Eles correm no parque. D) Nós viajamos amanhã.

    Resposta: A

32. Qual das frases abaixo está no futuro do pretérito? A) Eles viajam amanhã. B) Nós comeremos mais tarde. C) Eu gostaria de viajar. D) Ela está estudando.

    Resposta: C

33. Assinale a frase que apresenta o verbo no presente do indicativo: A) Ele estudaria se pudesse. B) Eu estou estudando agora. C) Nós viajaremos no próximo mês. D) Ela tinha estudado muito.

    Resposta: B

34. Em qual das frases o verbo está no pretérito perfeito? A) Eles viajarão no próximo mês. B) Eu viajo todos os anos. C) Nós viajamos no ano passado. D) Ela viajaria se pudesse.

    Resposta: C

35. Qual das frases abaixo utiliza corretamente o futuro do presente? A) Eu viajaria se pudesse. B) Nós viajaríamos se tivéssemos dinheiro. C) Eles viajarão no próximo mês. D) Ela está viajando agora.

Resposta: C

Sentido Próprio e Figurado das Palavras

36. Qual das frases a seguir utiliza a palavra "coração" em sentido figurado? A) O coração bombeia sangue para o corpo. B) Ela tem um coração de ouro. C) O coração é um órgão vital. D) O médico examinou seu coração.

Resposta: B

37. Em qual das frases a palavra "cabeça" está sendo usada em sentido próprio? A) Ele é a cabeça da família. B) A cabeça dele doía muito. C) Ela usou a cabeça para resolver o problema. D) Ele é uma cabeça pensante.

Resposta: B

38. Qual das frases utiliza a palavra "chave" em sentido figurado? A) Ele girou a chave na fechadura. B) A chave do sucesso é a perseverança. C) A chave estava em cima da mesa. D) Ele perdeu a chave do carro.

Resposta: B

39. Em qual das frases a palavra "luz" está sendo usada em sentido próprio? A) A luz do conhecimento iluminou sua mente. B) Ela acendeu a luz do quarto. C) Ele foi uma luz em nossas vidas. D) A luz do sol é forte.

Resposta: B

40. Qual das frases a palavra "peso" está sendo utilizada em sentido figurado? A) O peso do pacote era grande. B) Ela sente o

peso das responsabilidades. C) O peso da criança foi medido. D) Ele levantou um grande peso.

Resposta: B

Interpretação de Textos

41. O que é necessário para uma boa interpretação de texto? A) Conhecimento prévio sobre o assunto. B) Leitura rápida e superficial. C) Ignorar as entrelinhas. D) Não questionar o texto.

    Resposta: A

42. Qual expressão indica uma questão de compreensão de texto? A) Conclui-se do texto que... B) O autor afirma que... C) O texto permite deduzir que... D) O texto encaminha o leitor para...

    Resposta: B

43. Qual expressão indica uma questão de interpretação de texto? A) Segundo o texto... B) O autor sugere... C) O texto informa que... D) Infere-se do texto que...

    Resposta: D

44. Qual é o primeiro passo para a interpretação de um texto? A) Decodificação B) Compreensão C) Análise crítica D) Leitura rápida

    Resposta: A

45. O que significa "intertextualidade"? A) A repetição de palavras dentro de um texto. B) A influência e relação entre textos. C) A estrutura gramatical de um texto. D) A variação linguística em um texto.

    Resposta: B

Variação Linguística

46. O que é variação linguística? A) O uso uniforme da língua em todas as regiões. B) As diferenças na língua em diferentes contextos. C) A padronização da língua escrita. D) A utilização de gírias em textos formais.

    Resposta: B

47. Qual das opções é um exemplo de variação linguística regional? A) Uso de jargões profissionais. B) Uso de termos técnicos em documentos. C) Uso de gírias regionais. D) Uso de linguagem formal em discursos.

    Resposta: C

48. O que caracteriza a variação linguística histórica? A) Diferenças na língua ao longo do tempo. B) Uso da língua em diferentes regiões. C) Variação no nível de formalidade. D) Diferenças entre fala e escrita.

    Resposta: A

49. Qual é um exemplo de variação linguística social? A) Dialetos regionais. B) Jargões profissionais. C) Uso de linguagem técnica. D) Diferenças na língua ao longo do tempo.

    Resposta: B

50. Qual das opções representa uma variação linguística geográfica? A) Uso de palavras diferentes para o mesmo objeto em regiões distintas. B) Uso da mesma palavra com significados diferentes em contextos diversos. C) Alterações na língua devido à evolução histórica. D) Uso de termos técnicos em áreas especializadas.

    Resposta: A

Prosa e Verso

51. Qual a principal diferença entre prosa e verso? A) Prosa utiliza rimas e métrica, verso não. B) Verso utiliza rimas e

métrica, prosa não. C) Prosa é escrita em parágrafos, verso em estrofes. D) Verso é sempre mais longo que prosa.

Resposta: B

52. Qual das opções é uma característica do verso? A) Estrutura em parágrafos. B) Uso predominante de rimas e métrica. C) Texto corrido e contínuo. D) Linguagem técnica e objetiva.

    Resposta: B

53. Qual das opções caracteriza a prosa? A) Estrutura em versos e estrofes. B) Uso predominante de métrica e rima. C) Texto contínuo dividido em parágrafos. D) Estrutura rígida e formal.

    Resposta: C

54. Em qual das opções o texto é classificado como verso? A) "O sol brilha forte no horizonte, aquecendo a terra." B) "Eram tempos difíceis, mas cheios de esperança." C) "O amor é fogo que arde sem se ver." D) "A ciência avança rapidamente, trazendo novas descobertas."

    Resposta: C

55. Qual das opções melhor descreve um poema? A) Um texto descritivo em parágrafos. B) Um texto narrativo longo. C) Um texto em verso, com rimas e métrica. D) Um texto expositivo com dados e informações.

    Resposta: C

Sentido Próprio e Figurado

56. Qual das opções utiliza "lua" em sentido figurado? A) A lua ilumina a noite. B) Ele é a lua da minha vida. C) A lua cheia está linda. D) Vamos observar a lua hoje à noite.

    Resposta: B

57. Qual das frases utiliza a palavra "fogo" em sentido próprio? A) O fogo da paixão. B) Ele acendeu o fogo na lareira. C) O fogo da guerra destruiu tudo. D) Ela tem fogo nos olhos.

    Resposta: B

58. Em qual das opções a palavra "estrela" está em sentido figurado? A) A estrela brilha no céu. B) Ele é uma estrela do cinema. C) Observamos a estrela cadente. D) A estrela guia os navegantes.

    Resposta: B

59. Qual das opções utiliza a palavra "frio" em sentido próprio? A) Ele sentiu um frio na espinha. B) O clima está muito frio hoje. C) Ela é uma pessoa muito fria. D) O frio da indiferença.

    Resposta: B

60. Qual das frases utiliza "raiz" em sentido figurado? A) A raiz da árvore é forte. B) Precisamos cortar a raiz do problema. C) As raízes das plantas são profundas. D) A raiz está exposta.

    Resposta: B

Gêneros Textuais

61. Qual das opções é um exemplo de gênero textual jornalístico? A) Conto B) Editorial C) Receita culinária D) Poema

    Resposta: B

62. Qual é um exemplo de gênero textual narrativo? A) Manual de instruções B) Carta de reclamação C) Crônica D) Relatório técnico

    Resposta: C

63. Qual das opções é um exemplo de gênero textual argumentativo? A) Notícia de jornal B) Biografia C) Artigo de opinião D) Receita culinária

    Resposta: C

64. Qual é um exemplo de gênero textual expositivo? A) Fábula B) Ensaio acadêmico C) Entrevista D) Diário pessoal

    Resposta: B

65. Qual das opções caracteriza um texto injuntivo? A) Romance B) Manual de instruções C) Reportagem D) Crônica

    Resposta: B

Interpretação de Textos (Cont.)

66. O que é inferência na interpretação de textos? A) Leitura superficial do texto. B) Dedução de informações implícitas. C) Identificação de palavras-chave. D) Repetição de frases do texto.

    Resposta: B

67. Qual expressão sugere uma questão de inferência? A) De acordo com o texto... B) O autor afirma que... C) Infere-se do texto que... D) O texto informa que...

    Resposta: C

68. Qual é a principal característica de um texto literário? A) Uso de linguagem técnica. B) Foco na estética e na forma. C) Apresentação de dados científicos. D) Instrução sobre procedimentos específicos.

    Resposta: B

69. Qual é a diferença entre compreensão e interpretação de texto? A) Compreensão envolve deduções, interpretação envolve informações explícitas. B) Compreensão é superficial, interpretação é profunda. C) Compreensão foca no texto, interpretação foca no autor. D) Compreensão lida com o explícito, interpretação lida com o implícito.

    Resposta: D

70. Qual das frases abaixo indica uma questão de compreensão? A) Conclui-se do texto que... B) O texto permite deduzir que... C) Segundo o autor... D) Qual a intenção do autor quando afirma que...

Resposta: C

Classes de Palavras (Cont.)

71. Qual é a função de um artigo na frase: "O livro é interessante"? A) Indicar uma ação. B) Descrever uma característica. C) Definir o substantivo. D) Conectar palavras.

Resposta: C

72. Qual das palavras abaixo é um substantivo? A) Alegre B) Coragem C) Rapidamente D) Sobre

Resposta: B

73. Qual das alternativas apresenta apenas pronomes? A) Eu, ele, nós B) Casa, livro, carro C) Correr, saltar, pular D) Azul, verde, amarelo

Resposta: A

74. Qual é a função do advérbio na frase: "Ela falou muito rapidamente"? A) Substituir o substantivo. B) Indicar a intensidade. C) Descrever uma característica. D) Conectar palavras.

Resposta: B

75. Qual das palavras abaixo é uma conjunção? A) Alegre B) Muito C) E D) Casa

Resposta: C

Pontuação (Cont.)

76. Qual das frases abaixo está corretamente pontuada? A) Maria foi ao mercado e comprou frutas legumes e pão. B) Maria, foi ao mercado e comprou frutas, legumes, e pão. C) Maria

foi ao mercado, e comprou frutas, legumes e pão. D) Maria foi ao mercado e comprou frutas, legumes e pão.

Resposta: D

77. Qual das frases utiliza corretamente o ponto de interrogação? A) Ele perguntou, você está bem. B) Ele perguntou você está bem. C) Ele perguntou, você está bem? D) Ele perguntou: você está bem?

    Resposta: D

78. Em qual das frases abaixo o uso das reticências está correto? A) Eu não sei... B) Eu não sei. C) Eu não sei! D) Eu não sei,

    Resposta: A

79. Qual é a função do ponto e vírgula na frase: "Comprei frutas; maçãs, peras e uvas"? A) Separar elementos de uma lista. B) Indicar uma pausa curta. C) Introduzir uma citação. D) Conectar duas orações independentes.

    Resposta: A

80. Qual das frases utiliza corretamente os parênteses? A) Ele (disse) que viria hoje. B) Ele disse que (viria) hoje. C) Ele disse que viria (hoje). D) Ele disse que viria hoje (sábado).

    Resposta: D

Emprego de Tempos e Modos Verbais (Cont.)

81. Qual das frases está no pretérito imperfeito do indicativo? A) Eu estudei ontem. B) Ele estudava todos os dias. C) Nós estudaremos amanhã. D) Eles estudarão na próxima semana.

    Resposta: B

82. Qual das frases utiliza o verbo no futuro do presente? A) Ele estudava todos os dias. B) Nós estudaremos amanhã. C) Eu estudaria se tivesse tempo. D) Ela estuda agora.

    Resposta: B

83. Em qual das frases o verbo está no presente do subjuntivo? A) Eu estudo todos os dias. B) Ela estudou ontem. C) Ele estuda amanhã. D) Espero que ele estude.

    Resposta: D

84. Qual das frases está no pretérito mais-que-perfeito? A) Ele estudou muito ontem. B) Eu tinha estudado antes do teste. C) Nós estudaremos amanhã. D) Eles estudam agora.

    Resposta: B

85. Qual das frases está no futuro do pretérito? A) Eu estudaria se tivesse tempo. B) Ele estuda todos os dias. C) Nós estudaremos amanhã. D) Eles estudaram ontem.

    Resposta: A

Tipologia Textual (Cont.)

86. Qual é a principal característica de um texto expositivo? A) Narrar uma história. B) Instruir o leitor sobre como fazer algo. C) Expor informações e explicações. D) Descrever detalhadamente um objeto ou lugar.

    Resposta: C

87. Qual das opções é um exemplo de texto argumentativo? A) Manual de instruções B) Receita culinária C) Artigo de opinião D) Notícia de jornal

    Resposta: C

88. Em qual das opções o texto é classificado como descritivo? A) "O amor é fogo que arde sem se ver." B) "A casa era grande e espaçosa, com janelas amplas e um jardim florido." C) "Vamos ao cinema hoje à noite?" D) "Eu sempre quis ser médico."

    Resposta: B

89. Qual das opções é um exemplo de texto narrativo? A) "Era uma vez, numa terra distante, um príncipe valente." B) "Os

resultados mostram um aumento significativo nas vendas." C) "Para preparar o bolo, misture os ingredientes secos." D) "O artigo discute os efeitos da poluição."

Resposta: A

90. Qual é uma característica do texto injuntivo? A) Apresenta uma sequência cronológica de eventos. B) Descreve características sensoriais de algo. C) Instrui o leitor sobre como realizar uma tarefa. D) Expor dados e informações factuais.

    Resposta: C

Interpretação de Textos (Cont.)

91. O que é uma inferência? A) Informação explícita no texto. B) Dedução baseada em pistas do texto. C) Repetição de palavras-chave. D) Resumo do texto.

    Resposta: B

92. Qual expressão indica uma questão de interpretação? A) Segundo o texto… B) O autor afirma que… C) O texto informa que… D) Infere-se do texto que…

    Resposta: D

93. O que é decodificação na leitura? A) Compreensão do sentido global do texto. B) Identificação de palavras e frases. C) Análise crítica do conteúdo. D) Inferência de informações implícitas.

    Resposta: B

94. Qual das opções descreve uma questão de compreensão? A) Conclui-se do texto que… B) O texto permite deduzir que… C) Segundo o autor… D) Qual a intenção do autor quando afirma que…

    Resposta: C

95. Qual das opções é necessária para uma boa interpretação de texto? A) Leitura rápida. B) Conhecimento prévio sobre o assunto. C) Ignorar detalhes. D) Evitar fazer perguntas.

Resposta: B

Pontuação (Cont.)

96. Qual das frases está corretamente pontuada? A) João comprou: pão, leite, e ovos. B) João comprou pão, leite e ovos. C) João comprou pão leite e ovos. D) João, comprou pão leite, e ovos.

Resposta: B

97. Qual é a função do ponto final na frase: "Ele chegou ontem." A) Indicar uma pausa longa. B) Expressar emoção. C) Encerrar uma frase declarativa. D) Introduzir uma citação.

Resposta: C

98. Qual das frases utiliza corretamente a vírgula? A) Ela estudou, e passou no exame. B) Ela estudou e, passou no exame. C) Ela, estudou e passou, no exame. D) Ela estudou, e passou no exame.

Resposta: A

99. Qual das frases está corretamente pontuada? A) Ele disse, que viria hoje. B) Ele disse que, viria hoje. C) Ele disse que viria hoje. D) Ele disse que viria, hoje.

Resposta: C

100. Qual das frases está corretamente pontuada? A) A sala tinha janelas grandes; cadeiras confortáveis e uma mesa. B) A sala tinha: janelas grandes, cadeiras confortáveis e uma mesa. C) A sala tinha janelas grandes, cadeiras confortáveis, e uma mesa. D) A sala tinha janelas grandes, cadeiras confortáveis e uma mesa.

Resposta: D

Questões sobre Concordância Verbal e Nominal

101. Assinale a alternativa em que a concordância verbal está correta: A) Havia muitas pessoas que chegaram cedo. B) Houveram muitas pessoas que chegaram cedo. C) Havia muitas pessoas que chegaram cedo. D) Houveram muitas pessoas que chegaram cedo.

     Resposta: A

102. Em qual alternativa o adjetivo concorda corretamente com o substantivo? A) Os carro estão limpos. B) As carro estão limpas. C) Os carros estão limpos. D) As carros estão limpas.

     Resposta: C

103. Assinale a alternativa em que a concordância nominal está correta: A) Ela é meio inteligente. B) Ela é meia inteligente. C) Eles são meio inteligentes. D) Eles são meios inteligentes.

     Resposta: A

104. Em qual alternativa a concordância verbal está correta? A) A maioria dos alunos chegaram atrasados. B) A maioria dos alunos chegou atrasado. C) A maioria dos alunos chegaram atrasado. D) A maioria dos alunos chegou atrasada.

     Resposta: D

105. Assinale a alternativa que apresenta erro de concordância verbal: A) Fui eu quem fiz o trabalho. B) Fui eu quem fizemos o trabalho. C) Fomos nós que fizemos o trabalho. D) Fui eu quem fez o trabalho. Resposta: B

106. Qual frase apresenta a concordância nominal correta? A) Aquelas mulher é muito bonita. B) Aquela mulher é muito bonitos. C) Aquelas mulheres são muito bonitas. D) Aquela mulheres é muito bonitas.

     Resposta: C

107. Assinale a alternativa em que a concordância verbal está incorreta: A) Fazem dois anos que não nos vemos. B) Faz dois anos que não nos vemos. C) Faz dois anos que não nos vemos. D) Fazem dois anos que não nos vemos.

Resposta: A

108. Em qual alternativa a concordância verbal está correta? A) Houveram muitas discussões na reunião. B) Houve muitas discussões na reunião. C) Houveram muitas discussão na reunião. D) Houve muitas discussão na reunião.

Resposta: B

109. Assinale a alternativa em que a concordância nominal está correta: A) Aquele é o menos bonito de todos. B) Aquele é o mais bonita de todas. C) Aquela é a menos bonita de todos. D) Aquele é o menos bonitas de todas.

Resposta: A

110. Qual frase apresenta a concordância verbal correta? A) Os alunos que fez o trabalho ganharam pontos extras. B) Os alunos que fizeram o trabalho ganharam pontos extras. C) Os aluno que fez o trabalho ganharam pontos extras. D) Os aluno que fizeram o trabalho ganharam pontos extras.

Resposta: B

Questões sobre Regência Verbal e Nominal

111. Assinale a alternativa em que a regência do verbo "assistir" está correta no sentido de ver: A) Ele assistiu o filme ontem. B) Ele assistiu ao filme ontem. C) Ele assistiu filme ontem. D) Ele assistiu à filme ontem.

Resposta: B

112. Em qual alternativa a regência verbal está correta? A) Informei-lhe o ocorrido ao diretor. B) Informei o ocorrido ao

diretor. C) Informei ao diretor o ocorrido. D) Informei o diretor sobre o ocorrido.

Resposta: C

113. Assinale a alternativa em que a regência do verbo "esquecer" está correta: A) Eu esqueci de minhas chaves em casa. B) Eu esqueci minhas chaves em casa. C) Eu esqueci com minhas chaves em casa. D) Eu esqueci a minhas chaves em casa.

Resposta: B

114. Em qual alternativa a regência verbal está correta? A) Ele aspirou ao cargo de gerente. B) Ele aspirou o cargo de gerente. C) Ele aspirou com o cargo de gerente. D) Ele aspirou à cargo de gerente.

Resposta: A

115. Assinale a alternativa que apresenta a regência verbal correta do verbo "informar": A) Informei ao síndico a situação. B) Informei a situação ao síndico. C) Informei a situação para o síndico. D) Informei a situação ao para o síndico.

Resposta: B

116. Em qual alternativa a regência verbal está correta? A) Ele implicou no novo coordenador. B) Ele implicou com o novo coordenador. C) Ele implicou o novo coordenador. D) Ele implicou ao novo coordenador.

Resposta: B

117. Assinale a alternativa em que a regência do verbo "namorar" está correta: A) Ela namora com João há anos. B) Ela namora a João há anos. C) Ela namora João há anos. D) Ela namora de João há anos.

Resposta: C

118. Em qual alternativa a regência nominal está correta? A) Ele é leal à empresa. B) Ele é leal com a empresa. C) Ele é leal para a empresa. D) Ele é leal a empresa.

Resposta: A

119. Assinale a alternativa em que a regência do verbo "chegar" está correta: A) Ele chegou em casa tarde. B) Ele chegou à casa tarde. C) Ele chegou a casa tarde. D) Ele chegou na casa tarde.

Resposta: C

120. Em qual alternativa a regência verbal está correta? A) Prefiro mais o café do que o chá. B) Prefiro o café do que o chá. C) Prefiro ao café do que o chá. D) Prefiro café ao chá.

Resposta: D

Questões sobre Tipos de Frases

121. Assinale a alternativa que apresenta uma frase declarativa: A) Você vem comigo? B) Não toque nisso! C) Gosto de ler livros. D) Que susto!

Resposta: C

122. Qual das frases a seguir é uma frase exclamativa? A) Onde você estava? B) Que alegria vê-lo! C) Leia o livro. D) Vou ao parque.

Resposta: B

123. Assinale a alternativa que apresenta uma frase interrogativa: A) Vamos ao cinema. B) Não faça isso! C) Você gosta de sorvete? D) Que belo dia!

Resposta: C

124. Qual das frases a seguir é uma frase imperativa? A) Eu estudei bastante. B) Estude para a prova. C) Onde está o livro? D) Que saudade!

Resposta: B

125. Assinale a alternativa que apresenta uma frase nominal: A) Choveu muito ontem. B) Silêncio! C) Ela está feliz. D) Comprei um carro.

Resposta: B

126. Qual das frases a seguir é uma frase verbal? A) Fogo! B) Socorro! C) Estou cansado. D) Silêncio!

Resposta: C

127. Assinale a alternativa que apresenta uma frase exclamativa: A) Ele viajou ontem. B) Que maravilha! C) Ela é médica. D) Você quer café?

Resposta: B

128. Qual das frases a seguir é uma frase imperativa negativa? A) Não saia agora. B) Vá para casa. C) Como você está? D) Que susto!

Resposta: A

129. Assinale a alternativa que apresenta uma frase declarativa negativa: A) Ela não gosta de chocolate. B) Você vai à festa? C) Não toque nisso! D) Que incrível!

Resposta: A

130. Qual das frases a seguir é uma frase interrogativa indireta? A) Onde você estava? B) Não sei onde você estava. C) Venha aqui! D) Que calor!

Resposta: B

Questões sobre Termos da Oração

131. Assinale a alternativa que apresenta um complemento nominal: A) Gosto de chocolate. B) Estou cansado. C) Ele é leal à empresa. D) Comprei um livro.

Resposta: C

132. Em qual alternativa há um objeto direto? A) Eu confio em você. B) Eu comprei um carro. C) Eu moro em São Paulo. D) Eu gosto de pizza.

Resposta: B

133. Assinale a alternativa que apresenta um adjunto adverbial: A) Ele mora em São Paulo. B) Ela é muito inteligente. C) Eu comprei um livro. D) Gostamos de sorvete.

Resposta: A

134. Em qual alternativa há um aposto? A) Pedro, o médico, chegou. B) Ela é muito bonita. C) Nós estudamos juntos. D) Gosto de sorvete.

Resposta: A

135. Assinale a alternativa que apresenta um vocativo: A) Maria, venha aqui. B) Ela comprou um carro. C) Nós vamos ao cinema. D) Eu gosto de chocolate.

Resposta: A

136. Em qual alternativa há um objeto indireto? A) Eu entreguei o livro a Maria. B) Eu comprei um carro. C) Eu moro em São Paulo. D) Eu gosto de pizza.

Resposta: A

137. Assinale a alternativa que apresenta um agente da passiva: A) A carta foi escrita por Maria. B) Ele chegou cedo. C) Ela é muito bonita. D) Nós gostamos de sorvete.

Resposta: A

138. Em qual alternativa há um adjunto adnominal? A) Ele comprou um carro novo. B) Eu moro em São Paulo. C) Nós estudamos juntos. D) Gosto de chocolate.

Resposta: A

139. Assinale a alternativa que apresenta um complemento verbal: A) Eu gosto de sorvete. B) Ela é muito bonita. C) Ele mora em São Paulo. D) Pedro, o médico, chegou.

Resposta: A

140. Em qual alternativa há um predicativo do sujeito? A) Ela parece feliz. B) Ele comprou um carro. C) Nós vamos ao cinema. D) Eu gosto de chocolate.

Resposta: A

Questões sobre Sujeito e Predicado

141. Assinale a alternativa que apresenta um sujeito simples: A) Eles gostam de pizza. B) Nós compramos um carro. C) Ela estuda para a prova. D) Eu moro em São Paulo.

Resposta: C

142. Em qual alternativa há um sujeito composto? A) João e Maria foram ao cinema. B) Eu gosto de sorvete. C) Ela estuda para a prova. D) Nós vamos ao parque.

Resposta: A

143. Assinale a alternativa que apresenta um sujeito oculto: A) Nós vamos ao cinema. B) Gosto de estudar. C) Ela comprou um carro. D) Eles estão aqui.

Resposta: B

144. Em qual alternativa há um sujeito indeterminado? A) Estuda-se muito aqui. B) Nós gostamos de sorvete. C) Ela comprou um livro. D) Eles foram ao parque.

Resposta: A

145. Assinale a alternativa que apresenta um sujeito inexistente: A) Faz muito calor hoje. B) Eu gosto de pizza. C) Nós vamos ao cinema. D) Ela está feliz.

Resposta: A

146. Em qual alternativa há um predicado nominal? A) Ela é médica. B) Nós compramos um carro. C) Gosto de estudar. D) Eles foram ao parque.

Resposta: A

147. Assinale a alternativa que apresenta um predicado verbal: A) Ela é inteligente. B) Eles correm no parque. C) Nós somos amigos. D) Ela parece cansada.

Resposta: B

148. Em qual alternativa há um predicado verbo-nominal? A) Ele chegou cansado. B) Nós gostamos de sorvete. C) Ela é médica. D) Eu moro em São Paulo.

Resposta: A

149. Assinale a alternativa que apresenta um predicado verbal: A) Nós estamos felizes. B) Eles jogam futebol. C) Ela parece cansada. D) Eu gosto de chocolate.

Resposta: B

150. Em qual alternativa há um predicado nominal? A) Ele parece triste. B) Nós corremos no parque. C) Ela comprou um carro. D) Eu moro em São Paulo.

Resposta: A

Questões sobre Análise Morfossintática

151. Assinale a alternativa que apresenta a função sintática correta do termo em destaque: "Ele comprou um livro." A) Sujeito B) Objeto direto C) Objeto indireto D) Adjunto adnominal

Resposta: B

152. Em qual alternativa o termo em destaque exerce a função de adjunto adverbial? A) Ela mora em São Paulo. B) Eu gosto de sorvete. C) Ele comprou um carro. D) Nós vamos ao parque.

Resposta: A

153. Assinale a alternativa que apresenta a função sintática correta do termo em destaque: "Ele é inteligente." A) Sujeito B) Predicativo do sujeito C) Objeto direto D) Adjunto adnominal

Resposta: B

154. Em qual alternativa o termo em destaque exerce a função de complemento nominal? A) Ele é leal à empresa. B) Eu gosto de chocolate. C) Ela comprou um carro. D) Nós vamos ao cinema.
Resposta: A

155. Assinale a alternativa que apresenta a função sintática correta do termo em destaque: "Ela está feliz." A) Sujeito B) Predicativo do sujeito C) Objeto direto D) Adjunto adnominal
Resposta: B

156. Em qual alternativa o termo em destaque exerce a função de adjunto adnominal? A) Ele comprou um carro novo. B) Eu moro em São Paulo. C) Nós gostamos de sorvete. D) Ela é muito inteligente.
Resposta: A

157. Assinale a alternativa que apresenta a função sintática correta do termo em destaque: "Ele entregou o livro a Maria." A) Sujeito B) Objeto direto C) Objeto indireto D) Adjunto adnominal

Resposta: C

158. Em qual alternativa o termo em destaque exerce a função de agente da passiva? A) A carta foi escrita por Maria. B) Ele mora em São Paulo. C) Ela é muito bonita. D) Nós gostamos de sorvete.

Resposta: A

159. Assinale a alternativa que apresenta a função sintática correta do termo em destaque: "Ela parece cansada." A) Sujeito B) Predicativo do sujeito C) Objeto direto D) Adjunto adnominal

Resposta: B

160. Em qual alternativa o termo em destaque exerce a função de vocativo? A) Maria, venha aqui. B) Ela comprou um carro. C) Nós vamos ao cinema. D) Eu gosto de chocolate.

Resposta: A

Questões sobre Diversos Conceitos Gramaticais

161. Assinale a alternativa que apresenta um exemplo de crase: A) Vou a escola. B) Vou à escola. C) Vou a festa. D) Vou à praia.

Resposta: B

162. Em qual alternativa a vírgula está usada corretamente? A) João foi ao mercado, comprou frutas e verduras. B) João foi ao mercado comprou frutas, e verduras. C) João foi ao mercado comprou, frutas e verduras. D) João foi ao mercado comprou frutas e, verduras.

Resposta: A

163. Assinale a alternativa que apresenta uma oração subordinada adverbial causal: A) Fui ao mercado porque precisava de frutas. B) Estudei muito para passar na prova. C) Embora estivesse cansado, continuou trabalhando. D) Ele corre como se estivesse em uma competição.

Resposta: A

164. Em qual alternativa há um exemplo de oração subordinada adjetiva restritiva? A) O aluno, que estuda muito, passou na prova. B) O aluno que estuda muito passou na prova. C) O

aluno, que estuda muito passou na prova. D) O aluno que, estuda muito passou na prova.

Resposta: B

165. Assinale a alternativa que apresenta uma oração subordinada adverbial concessiva: A) Fui ao mercado porque precisava de frutas. B) Estudei muito para passar na prova. C) Embora estivesse cansado, continuou trabalhando. D) Ele corre como se estivesse em uma competição.

Resposta: C

166. Em qual alternativa há um exemplo de oração subordinada adverbial condicional? A) Fui ao mercado porque precisava de frutas. B) Se chover, não sairemos. C) Estudei muito para passar na prova. D) Ele corre como se estivesse em uma competição.

Resposta: B

167. Assinale a alternativa que apresenta uma oração subordinada adverbial conformativa: A) Conforme o professor disse, a prova será difícil. B) Fui ao mercado porque precisava de frutas. C) Estudei muito para passar na prova. D) Ele corre como se estivesse em uma competição.

Resposta: A

168. Em qual alternativa há um exemplo de oração subordinada adverbial consecutiva? A) Ele estudou tanto que passou na prova. B) Fui ao mercado porque precisava de frutas. C) Embora estivesse cansado, continuou trabalhando. D) Ele corre como se estivesse em uma competição.

Resposta: A

169. Assinale a alternativa que apresenta uma oração subordinada adverbial temporal: A) Ele foi embora quando o filme terminou. B) Fui ao mercado porque precisava de frutas. C)

Estudei muito para passar na prova. D) Ele corre como se estivesse em uma competição.

Resposta: A

170. Em qual alternativa há um exemplo de oração subordinada adverbial final? A) Fui ao mercado porque precisava de frutas. B) Estudei muito para passar na prova. C) Embora estivesse cansado, continuou trabalhando. D) Ele corre como se estivesse em uma competição.

Resposta: B

Questões sobre Concordância Verbal

171. Assinale a alternativa que apresenta a concordância verbal correta: A) A turma de alunos chegaram cedo. B) A turma de alunos chegou cedo. C) A turma de alunos chegaram cedo. D) A turma de alunos chegado cedo.

Resposta: B

172. Em qual alternativa a concordância verbal está correta? A) O bolo e os doces está na mesa. B) O bolo e os doces estão na mesa. C) O bolo e os doces estarem na mesa. D) O bolo e os doces estão na mesas.

Resposta: B

173. Assinale a alternativa que apresenta a concordância verbal correta: A) Ele é uma das pessoas que mais ajudou. B) Ele é uma das pessoas que mais ajudaram. C) Ele é uma das pessoas que mais ajudado. D) Ele é uma das pessoas que mais ajudar.

Resposta: B

174. Em qual alternativa a concordância verbal está correta? A) Fazem dois meses que não nos vemos. B) Faz dois meses que não nos vemos. C) Fazem dois meses que não nos vemos. D) Faz dois meses que não nos vemos.

Resposta: B

175. Assinale a alternativa que apresenta a concordância verbal correta: A) Houve muitas discussões na reunião. B) Houveram muitas discussões na reunião. C) Houve muitas discussão na reunião. D) Houveram muitas discussão na reunião.

Resposta: A

176. Em qual alternativa a concordância verbal está correta? A) Mais de um aluno faltaram à aula. B) Mais de um aluno faltou à aula. C) Mais de um aluno faltaram à aula. D) Mais de um aluno faltado à aula.

Resposta: B

177. Assinale a alternativa que apresenta a concordância verbal correta: A) O grupo de amigos saíram juntos. B) O grupo de amigos saiu juntos. C) O grupo de amigos saiu junto. D) O grupo de amigos saíram juntos.

Resposta: C

178. Em qual alternativa a concordância verbal está correta? A) Cada um de nós têm uma opinião. B) Cada um de nós tem uma opinião. C) Cada um de nós têm uma opinião. D) Cada um de nós têm uma opinião.

Resposta: B

179. Assinale a alternativa que apresenta a concordância verbal correta: A) Um dos alunos faltaram à aula. B) Um dos alunos faltou à aula. C) Um dos alunos faltado à aula. D) Um dos alunos faltar à aula.

Resposta: B

180. Em qual alternativa a concordância verbal está correta? A) Ela é a única que sabe a verdade. B) Ela é a única que sabem a verdade. C) Ela é a única que sabiam a verdade. D) Ela é a única que saber a verdade.

Resposta: A

Questões sobre Concordância Nominal

181. Assinale a alternativa que apresenta a concordância nominal correta: A) Ela é meio cansada. B) Ela é meia cansada. C) Ela é meios cansada. D) Ela é meios cansadas.

     Resposta: A

182. Em qual alternativa a concordância nominal está correta? A) As casa são bonitas. B) A casa são bonita. C) A casa são bonitas. D) A casa é bonita.

     Resposta: D

183. Assinale a alternativa que apresenta a concordância nominal correta: A) Eles são muito inteligentes. B) Eles são muito inteligente. C) Eles são muito inteligentes. D) Eles são muito inteligenta.

     Resposta: A

184. Em qual alternativa a concordância nominal está correta? A) Ela está meio cansada. B) Ela está meia cansada. C) Ela está meios cansada. D) Ela está meios cansadas.

     Resposta: A

185. Assinale a alternativa que apresenta a concordância nominal correta: A) As meninas são muito bonita. B) As meninas são muito bonitas. C) As menina são muito bonita. D) As menina são muito bonitas.

     Resposta: B

186. Em qual alternativa a concordância nominal está correta? A) A criança está meio sonolenta. B) A criança está meia sonolenta. C) A criança está meios sonolenta. D) A criança está meios sonolentas.

     Resposta: A

187. Assinale a alternativa que apresenta a concordância nominal correta: A) Os livros são muito bom. B) Os livros são muito bons. C) Os livro são muito bons. D) Os livro são muito bom.

Resposta: B

188. Em qual alternativa a concordância nominal está correta? A) As flores são muito bonita. B) As flores são muito bonitas. C) As flor são muito bonita. D) As flor são muito bonitas.

Resposta: B

189. Assinale a alternativa que apresenta a concordância nominal correta: A) As frutas são muito doces. B) As frutas são muito doce. C) As fruta são muito doces. D) As fruta são muito doce.

Resposta: A

190. Em qual alternativa a concordância nominal está correta? A) A casa é muito bonita. B) A casa é muito bonitos. C) A casa é muito bonitas. D) A casa é muito bonito.

Resposta: A

Questões sobre Regência Verbal

191. Assinale a alternativa que apresenta a regência do verbo “preferir” corretamente: A) Prefiro mais o café do que o chá. B) Prefiro o café do que o chá. C) Prefiro café ao chá. D) Prefiro café do que o chá.

Resposta: C

192. Em qual alternativa a regência verbal está correta? A) Ele assistiu o filme ontem. B) Ele assistiu ao filme ontem. C) Ele assistiu filme ontem. D) Ele assistiu à filme ontem.

Resposta: B

193. Assinale a alternativa que apresenta a regência do verbo "esquecer" corretamente: A) Eu esqueci de minhas chaves em casa. B) Eu esqueci minhas chaves em casa. C) Eu esqueci com minhas chaves em casa. D) Eu esqueci a minhas chaves em casa.

Resposta: B

194. Em qual alternativa a regência verbal está correta? A) Ele aspirou ao cargo de gerente. B) Ele aspirou o cargo de gerente. C) Ele aspirou com o cargo de gerente. D) Ele aspirou à cargo de gerente.

Resposta: A

195. Assinale a alternativa que apresenta a regência verbal correta do verbo "informar": A) Informei ao síndico a situação. B) Informei a situação ao síndico. C) Informei a situação para o síndico. D) Informei a situação ao para o síndico.

Resposta: B

196. Em qual alternativa a regência verbal está correta? A) Ele implicou no novo coordenador. B) Ele implicou com o novo coordenador. C) Ele implicou o novo coordenador. D) Ele implicou ao novo coordenador.

Resposta: B

197. Assinale a alternativa que apresenta a regência do verbo "namorar" corretamente: A) Ela namora com João há anos. B) Ela namora a João há anos. C) Ela namora João há anos. D) Ela namora de João há anos.

Resposta: C

198. Em qual alternativa a regência nominal está correta? A) Ele é leal à empresa. B) Ele é leal com a empresa. C) Ele é leal para a empresa. D) Ele é leal a empresa.

Resposta: A

199. Assinale a alternativa que apresenta a regência do verbo "chegar" corretamente: A) Ele chegou em casa tarde. B) Ele chegou à casa tarde. C) Ele chegou a casa tarde. D) Ele chegou na casa tarde.

   Resposta: C

200. Em qual alternativa a regência verbal está correta? A) Prefiro mais o café do que o chá. B) Prefiro o café do que o chá. C) Prefiro ao café do que o chá. D) Prefiro café ao chá.

   Resposta: D

18. QUESTÕES PARA O EXAME ORAL

1. Diferencie os conceitos de texto verbal, texto não verbal e texto misto, fornecendo exemplos de cada um.
2. O que caracteriza a tipologia textual e como ela se diferencia dos gêneros textuais?
3. Explique a estrutura de um texto narrativo, detalhando suas partes principais.
4. Descreva as principais características de um texto descritivo e forneça exemplos de gêneros textuais descritivos.
5. Como um texto argumentativo é estruturado e quais são seus principais elementos?
6. Quais são os elementos essenciais de um texto expositivo e quais gêneros textuais se encaixam nessa categoria?
7. O que é um texto injuntivo e quais são seus usos mais comuns? Dê exemplos.
8. Defina paronímia e homonímia e forneça exemplos de palavras homônimas e parônimas.
9. Explique o conceito de polissemia e como ele se manifesta na língua portuguesa. Dê exemplos.

10. Diferencie os sentidos conotativo e denotativo de uma palavra, fornecendo exemplos de cada uso.
11. O que é intertextualidade e como ela pode ser identificada em textos?
12. Quais são os principais tipos de intertextualidade? Descreva-os.
13. Explique a importância da variação linguística na língua portuguesa e forneça exemplos de variações regionais.
14. Diferencie prosa e verso, abordando suas principais características e usos.
15. O que é necessário para uma boa interpretação de texto? Descreva os principais requisitos.
16. Diferencie compreensão de texto e interpretação de texto, dando exemplos de enunciados que solicitam cada uma.
17. Quais são os passos essenciais para a interpretação de um texto? Explique cada um deles.
18. Quais são os erros comuns na interpretação textual e como evitá-los?
19. O que são monossílabos tônicos e quais regras regem sua acentuação?
20. Explique a regra das oxítonas e forneça exemplos de palavras oxítonas acentuadas.
21. O que são palavras paroxítonas e quais são as regras para sua acentuação? Dê exemplos.
22. Descreva as regras de acentuação das palavras proparoxítonas e forneça exemplos.
23. Explique a regra dos hiatos e como ela se aplica na acentuação de palavras. Dê exemplos.
24. Diferencie os usos dos "porquês" e forneça exemplos de cada caso.

25. Quais são as regras de uso do "x" e do "ch" em palavras da língua portuguesa? Dê exemplos.
26. Descreva as regras de uso do "s" e do "x" em palavras derivadas. Forneça exemplos.
27. Quais são as regras de uso do "s" e do "z" em palavras da língua portuguesa? Dê exemplos.
28. Explique a diferença entre substantivos comuns e próprios, fornecendo exemplos de cada um.
29. O que são substantivos concretos e abstratos? Dê exemplos.
30. Diferencie substantivos simples e compostos, fornecendo exemplos.
31. Quais são as características dos adjetivos e como eles são utilizados em textos? Dê exemplos.
32. Explique os diferentes tipos de numerais e forneça exemplos de cada um.
33. O que são artigos definidos e indefinidos e como são utilizados? Dê exemplos.
34. Quais são os tipos de pronomes e suas funções? Forneça exemplos de cada tipo.
35. Explique a conjugação de verbos nos tempos e modos verbais, fornecendo exemplos.
36. O que são advérbios e como eles modificam o sentido das orações? Dê exemplos.
37. Descreva o papel das preposições na construção de frases e forneça exemplos de seu uso.
38. O que são conjunções e como elas estabelecem relações entre orações? Dê exemplos.
39. Explique o uso das interjeições e forneça exemplos de sua aplicação em frases.

40. Quais são as principais funções dos sinais de pontuação na língua portuguesa? Dê exemplos.
41. Explique o uso correto da vírgula e forneça exemplos de situações em que seu uso é obrigatório.
42. Quais são as regras para o uso do ponto e vírgula? Dê exemplos.
43. Descreva os usos dos dois-pontos e forneça exemplos.
44. Quando se deve usar o travessão em um texto? Dê exemplos de seu uso.
45. Explique o uso das aspas e forneça exemplos de diferentes contextos em que são utilizadas.
46. Quais são as funções dos parênteses e colchetes em textos? Dê exemplos de seu uso.
47. O que é uma paráfrase e como ela se diferencia de uma citação direta?
48. Explique o conceito de coesão textual e como ele pode ser alcançado em um texto.
49. O que é coerência textual e como ela se manifesta na organização das ideias?
50. Descreva os diferentes tipos de orações subordinadas e forneça exemplos de cada tipo.
51. Explique a função das orações coordenadas e forneça exemplos de suas diferentes formas.
52. O que caracteriza um período composto por coordenação e um período composto por subordinação?
53. Quais são os diferentes tipos de sujeito em uma oração? Dê exemplos.
54. Explique o conceito de predicado e os diferentes tipos existentes. Forneça exemplos.

55. O que é um objeto direto e indireto? Dê exemplos de cada um.
56. Descreva as funções dos complementos verbais e nominais.
57. Explique o que é um adjunto adverbial e forneça exemplos de seu uso em frases.
58. O que é um adjunto adnominal e como ele se relaciona com o núcleo do sujeito?
59. Quais são as diferenças entre aposto e vocativo? Forneça exemplos.
60. Explique o conceito de predicativo do sujeito e predicativo do objeto, fornecendo exemplos.
61. O que é uma oração subordinada substantiva? Dê exemplos.
62. Descreva as características das orações subordinadas adjetivas e forneça exemplos.
63. Quais são as orações subordinadas adverbiais e seus tipos? Dê exemplos.
64. Explique o conceito de oração reduzida e forneça exemplos de sua aplicação.
65. O que é concordância verbal e nominal? Dê exemplos de regras e exceções.
66. Descreva os casos de concordância do verbo com o sujeito composto.
67. Explique as regras de concordância verbal com expressões partitivas e coletivas.
68. Quais são as regras de concordância nominal com adjetivos e pronomes? Dê exemplos.
69. O que é regência verbal e nominal? Forneça exemplos de suas aplicações.

70. Explique a diferença entre crase e acento grave e quando cada um deve ser utilizado.
71. O que são pronomes relativos e quais suas funções? Dê exemplos de seu uso.
72. Descreva o uso dos pronomes indefinidos e forneça exemplos de frases.
73. Explique a função dos pronomes demonstrativos e forneça exemplos de sua aplicação.
74. O que são verbos defectivos e como eles diferem dos verbos regulares? Dê exemplos.
75. Descreva os tempos verbais do modo indicativo e forneça exemplos de cada um.
76. Quais são os tempos verbais do modo subjuntivo e como são utilizados? Dê exemplos.
77. Explique o uso dos modos verbais imperativo afirmativo e negativo, fornecendo exemplos.
78. O que é uma perífrase verbal e como ela se forma? Dê exemplos de sua utilização.
79. Descreva o que são locuções verbais e forneça exemplos de sua aplicação.
80. Explique a diferença entre voz ativa, voz passiva e voz reflexiva, fornecendo exemplos de frases em cada voz.
81. O que caracteriza um verbo transitivo direto, transitivo indireto e intransitivo? Dê exemplos.
82. Descreva as principais funções dos advérbios de modo, tempo e lugar.
83. Explique o papel dos advérbios de negação, afirmação e dúvida, fornecendo exemplos.
84. O que são preposições essenciais e acidentais? Dê exemplos de cada tipo.

85. Descreva as diferentes classes de palavras que podem ser modificadas por advérbios e forneça exemplos.
86. Explique a função dos conectivos em um texto e como eles contribuem para a coesão textual.
87. O que são conjunções subordinativas e coordenativas? Dê exemplos de cada tipo.
88. Descreva os diferentes tipos de conjunções subordinativas e suas funções.
89. Explique o uso das interjeições e como elas expressam emoções ou estados de espírito.
90. Quais são os diferentes tipos de frases e como são classificadas? Forneça exemplos.
91. O que é uma oração coordenada sindética e assindética? Dê exemplos.
92. Explique o conceito de frase nominal e forneça exemplos de sua aplicação.
93. O que são períodos simples e compostos? Dê exemplos de cada um.
94. Descreva os diferentes tipos de período composto por subordinação e forneça exemplos.
95. Explique o que é uma oração subordinada reduzida e forneça exemplos.
96. Quais são as principais regras de formação de palavras na língua portuguesa? Dê exemplos.
97. Descreva os processos de derivação prefixal e sufixal, fornecendo exemplos.
98. O que é composição por justaposição e aglutinação? Dê exemplos de palavras formadas por esses processos.
99. Explique o uso das siglas e acrônimos na língua portuguesa, fornecendo exemplos.

100. Descreva a formação de diminutivos e aumentativos na língua portuguesa, fornecendo exemplos de cada caso.

101. Explique a importância da leitura atenta e seccionada dos enunciados das questões em provas de concurso.

102. Analise a correlação entre as formas verbais nas seguintes opções: "ver ... reporte", "vir ... reporte", "verá ... reporta", "veria ... reporte" e "visse ... reporta". Qual é a correta?

103. Em que situações a crase é obrigatória na frase: "Está definido que a partir da próxima semana os documentos serão enviados à matriz para arquivamento"?

104. Qual o efeito de sentido centrado na expressão verbal "estou temendo" em uma tira humorística?

105. Analise a frase "Nada disso, no entanto, impede que, quando cresçam, muitas pessoas sejam incapazes de negar um pedido, não importa de onde venha". Qual alternativa pode substituir o trecho destacado mantendo a norma-padrão?

106. Qual a função sintática do termo "as autoridades" na frase "... informaram as autoridades."?

107. Explique o conceito de colocação pronominal e dê exemplos de próclise, mesóclise e ênclise.

108. Quais são os tipos de vícios de linguagem e como podem interferir na clareza de um texto?

109. Exemplifique o uso correto da crase com os termos: "____ destruição dos mananciais" e "____ constatação clara e cristalina".

110. Discorra sobre a importância da análise morfossintática para a compreensão textual.

111. Explique como a ansiedade de insinuação pode se manifestar em indivíduos segundo a análise do neurocientista Ariovaldo Silva Júnior.

112. Qual a importância de uma preparação prévia específica e geral para temas de provas de concurso público?
113. Discuta a frase "Toda vez que diz sim querendo dizer não, morre um pedaço de você" no contexto da psicologia comportamental.
114. Como o uso correto da pontuação pode afetar a interpretação de um texto em uma prova de concurso?
115. Explique a relação entre a função sintática de um pronome e o verbo em uma frase dada.
116. Analise a frase "A preferência no atendimento será dada àquelas pessoas que fizeram agendamento pelo site como convém à ordem dos trabalhos". Está correta a utilização da crase?
117. Discorra sobre a complexidade da colocação pronominal em provas de concurso e sua importância.
118. Qual a relevância da leitura reiterada de uma questão para evitar armadilhas na interpretação dos enunciados?
119. Analise a frase "A psicologia evolutiva tem dedicado-se a desvendar a origem de aspectos da nossa natureza". A colocação do pronome "se" está correta?
120. Como a estrutura sintática pode interferir na interpretação de um texto?
121. Explique a importância do uso adequado de recursos estilísticos em um texto, diferenciando-os de vícios de linguagem.
122. Qual a função sintática do pronome "o" em "Essa antítese o acalmou"?
123. Em que casos a opção pelo lazer pode ser vista como uma contraposição ao sucesso segundo o texto apresentado?
124. Explique a importância da morfossintaxe para a análise correta de textos em provas de concurso.

125. Discorra sobre a importância de compreender as nuances do conteúdo textual para a resolução de questões de concurso.

126. Explique o impacto da negligência do descanso em prol da produção desenfreada segundo o texto apresentado.

127. Analise a frase "Os depoimentos serão colhidos de segunda à sexta-feira exigida à presença da autoridade competente". Há erros no uso da crase?

128. Qual a importância da análise crítica no planejamento dos estudos para concursos públicos?

129. Discuta a frase "A vida se equilibra justamente na possibilidade de converter o dinheiro advindo do esforço em ingressos para o show da banda preferida, passeios no parque, pipoca quentinha e viagens de barco" no contexto de trabalho e lazer.

130. Explique como a análise individual de uma classe de palavras pode dar pistas sobre sua função no contexto frasal.

131. Analise a frase "Jamais soube-se o período de tempo em que os humanos sobreviveram da caça e da coleta". Está correta a colocação pronominal?

132. Qual a importância da compreensão dos meandros textuais na construção da Língua Portuguesa para concursos públicos?

133. Discorra sobre a relação entre leitura seccionada e a apreensão dos significados individuais em questões de concurso.

134. Analise a frase "A partir de leituras específicas e gerais aos temas que serão enfrentados, o candidato deve se preparar". Qual a importância dessa preparação?

135. Explique a relação entre o desenvolvimento do espírito crítico e a compreensão textual em concursos públicos.

136. Como o contexto pode afetar a correlação entre as formas verbais em uma frase?

137. Qual a importância da confiança no conhecimento adquirido para evitar a insegurança diante de questões de concurso?
138. Discorra sobre a frase "Usem a arma contra os violentos, contra os que acharam que este cantão é território de máfias de grupos criminosos organizados" no contexto de operações policiais.
139. Analise a expressão "vinagre e doçura" no poema "Insônia" de Adélia Prado. É uma catacrese?
140. Qual a importância da análise morfossintática para a resolução de questões complexas em concursos públicos?
141. Discorra sobre a influência do comportamento cooperativo na sobrevivência humana segundo a análise de Vanessa Bohns.
142. Analise a frase "caso uma pessoa lhe peça" no contexto de reação natural à solicitação. Está correta?
143. Qual a importância da compreensão dos elementos textuais para a resolução eficaz de questões de concurso?
144. Explique a relação entre a análise sintática e a função das palavras em um texto.
145. Analise a frase "Serão destinados recursos a populações desabrigadas com especial atenção às crianças". Há erro no uso da crase?
146. Qual a importância da leitura compreensiva e repetitiva na resolução de questões de concurso?
147. Discorra sobre a frase "Dizer não com clareza é uma das primeiras habilidades adquiridas pelos seres humanos" no contexto da psicologia comportamental.
148. Explique a relação entre o uso correto da crase e a clareza textual.
149. Qual a importância da análise das relações interdependentes entre os elementos de uma frase para a compreensão textual?

150. Analise a frase "A mãe no fogão cantando os zangões, a poeira, o ar anímico". Há uso de onomatopeia?

151. Qual a importância do estudo da gramática para a compreensão e produção de textos?

152. Explique a relação entre as alterações climáticas e a necessidade de políticas sustentáveis segundo o texto apresentado.

153. Analise a frase "Está definido que a partir da próxima semana os documentos serão enviados à matriz para arquivamento". Qual o uso correto da crase?

154. Discorra sobre a importância da preparação prévia para aumentar o cabedal de conhecimentos em concursos públicos.

155. Explique a função do pronome "se" em "Conhecendo-se a natureza de nossos ancestrais será possível encontrar algumas respostas".

156. Analise a frase "Se conhecendo a natureza de nossos ancestrais será possível encontrar algumas respostas". Está correta a colocação pronominal?

157. Qual a importância da análise crítica e da compreensão textual para evitar erros na formulação de respostas em provas de concurso?

158. Discorra sobre a relação entre a ansiedade de insinuação e a dificuldade de negar pedidos.

159. Explique como a leitura reiterada de uma questão pode ajudar na sua resolução eficaz.

160. Analise a frase "Na hora me perguntei se era realmente preciso escolher entre sucesso e diversão". Há uso de linguagem figurada?

161. Qual a importância da confiança do candidato na resolução de questões difíceis em concursos públicos?

162. Discorra sobre a relação entre trabalho, lazer e saúde mental segundo o texto apresentado.

163. Explique como o uso de figuras de linguagem pode enriquecer um texto, diferenciando-as de vícios de linguagem.

164. Analise a frase "O trabalho dignifica o homem. O lazer dignifica a vida". Há uso de linguagem figurada?

165. Qual a importância da compreensão das regras de colocação pronominal para a resolução de questões de concurso?

166. Discorra sobre a frase "Sombra e água fresca são luxo e não merecimento" no contexto do equilíbrio entre trabalho e lazer.

167. Explique como o uso correto da pontuação pode alterar a interpretação de uma frase.

168. Analise a expressão "a cavalo em fuga" no poema "Insônia" de Adélia Prado. Há uso de metáfora?

169. Qual a importância da leitura crítica para a compreensão e análise de enunciados em provas de concurso?

170. Discorra sobre a relação entre leitura seccionada e a apreensão de significados individuais em um texto.

171. Explique a função sintática do termo "o" em "Quem informa, informa alguma coisa a alguém".

172. Analise a frase "Nada disso, no entanto, impede que, quando cresçam, muitas pessoas sejam incapazes de negar um pedido, não importa de onde venha". Qual a alternativa correta para substituir o trecho destacado?

173. Qual a importância da leitura compreensiva para evitar armadilhas nos enunciados das questões de concurso?

174. Discorra sobre a relação entre leitura reiterada e confiança na resolução de questões complexas.

175. Explique a relação entre o desenvolvimento do espírito crítico e a capacidade de discernimento nas provas de concurso.

176. Analise a expressão “sombra e água fresca “no contexto do equilíbrio entre trabalho e lazer. Há uso de linguagem figurada?

177. Qual a importância da análise morfossintática para a compreensão correta dos enunciados em provas de concurso?

178. Discorra sobre a relação entre o uso adequado de figuras de linguagem e a clareza textual.

179. Explique como a compreensão das regras de crase pode influenciar na clareza de um texto.

180. Analise a frase “Uivam os cães da memória” no poema “Insônia” de Adélia Prado. Há uso de metáfora?

181. Qual a importância do estudo da morfossintaxe para a análise textual em provas de concurso?

182. Discorra sobre a frase “Quem acha que sombra e água fresca são luxo e não merecimento” no contexto de trabalho e lazer.

183. Explique a função sintática do pronome “se” em “Dizer não com clareza é uma das primeiras habilidades adquiridas pelos seres humanos”.

184. Analise a expressão “atiçados, provocados” no poema “Insônia” de Adélia Prado. Há uso de linguagem figurada?

185. Qual a importância da análise crítica e compreensiva dos enunciados para a resolução de questões de concurso?

186. Discorra sobre a relação entre a leitura reiterada e a confiança do candidato na resolução de questões complexas.

187. Explique como a leitura atenta pode evitar a interpretação equivocada de enunciados em provas de concurso.

188. Analise a frase “Foi comunicado à todas as seções que os adiantamentos de salário estão suspensos até à próxima semana”. Está correto o uso da crase?

189. Qual a importância da análise morfossintática para a compreensão textual em provas de concurso?

190. Discorra sobre a frase "A leitura amiúde conservará a confiança do candidato diante de questões que num primeiro momento podem trazer um nível de dificuldade exacerbada" no contexto de preparação para concursos públicos.

191. Explique a função sintática do pronome "se" em "Dizer não com clareza é uma das primeiras habilidades adquiridas pelos seres humanos".

192. Analise a frase "O trabalho dignifica o homem. O lazer dignifica a vida". Há uso de linguagem figurada?

193. Qual a importância da análise crítica na interpretação de textos para provas de concurso?

194. Discorra sobre a relação entre leitura reiterada e confiança na resolução de questões complexas em concursos públicos.

195. Explique como a análise sintática pode revelar a função de um termo em uma frase.

196. Analise a expressão "vinagre e doçura" no poema "Insônia" de Adélia Prado. Há uso de catacrese?

197. Qual a importância da compreensão dos meandros textuais para a resolução de questões de concurso?

198. Discorra sobre a frase "Toda vez que diz sim querendo dizer não, morre um pedaço de você" no contexto da psicologia comportamental.

199. Explique como a ansiedade de insinuação pode se manifestar em indivíduos segundo a análise do neurocientista Arivaldo Silva Júnior.

200. Analise a frase "Os depoimentos serão colhidos de segunda à sexta-feira exigida à presença da autoridade competente". Há erros no uso da crase?

EDITORA JusPODIVM
www.editorajuspodivm.com.br

Impresso por:

Docuprint
CNPJ 01.036.332/0001-99

JUS3705